U0524394

佛遗教三经

中国佛学经典宝藏

113

蓝天 释译

星云大师总监修

人民东方出版传媒
东方出版社

图书在版编目（CIP）数据

佛遗教三经 / 蓝天 释译. —北京：东方出版社，2015.9
(中国佛学经典宝藏)
ISBN 978-7-5060-8607-3

Ⅰ.①佛… Ⅱ.①蓝… Ⅲ.①佛经 ②《佛遗教三经》—注释 ③《佛遗教三经》—译文 Ⅳ.①B942

中国版本图书馆CIP数据核字（2015）第289667号

本书中文简体字版权由上海大觉文化传播有限公司独家授权出版
中文简体字版专有权属东方出版社

佛遗教三经
（FOYIJIAOSANJING）

释 译 者：蓝　天
责任编辑：查长莲
出　　版：东方出版社
发　　行：人民东方出版传媒有限公司
地　　址：北京市东城区东四十条113号
邮政编码：100007
印　　刷：北京京都六环印刷厂
版　　次：2016年6月第1版
印　　次：2016年6月第1次印刷
开　　本：880毫米×1230毫米　1/32
印　　张：6.625
字　　数：100千字
书　　号：ISBN 978-7-5060-8607-3
定　　价：29.00元
发行电话：（010）85924663　　85924644　　85924641

版权所有，违者必究　本书观点并不代表本社立场
如有印装质量问题，请拨打电话：（010）85924602　　85924603

《中国佛学经典宝藏》
大陆简体字版编审委员会

主任委员：赖永海

委　　员：(以姓氏笔画为序)

王月清	王邦维	王志远	王雷泉
业露华	许剑秋	陈永革	吴根友
徐小跃	龚　隽	葛兆光	温金玉
彭明哲	程恭让	鲁彼德	董　群
潘少平	潘桂明	魏道儒	

总序

星云

> 自读首楞严,从此不尝人间糟糠味;
> 认识华严经,方知已是佛法富贵人。

诚然,佛教三藏十二部经有如暗夜之灯炬、苦海之宝筏,为人生带来光明与幸福,古德这首诗偈可说一语道尽行者阅藏慕道、顶戴感恩的心情!可惜佛教经典因为卷帙浩瀚、古文艰涩,常使忙碌的现代人有义理远隔、望而生畏之憾,因此多少年来,我一直想编纂一套白话佛典,以使法雨均沾,普利十方。

一九九一年,这个心愿总算有了眉目。是年,佛光山在中国大陆广州市召开"白话佛经编纂会议",将该套丛书定名为《中国佛教经典宝藏》①。后来几经集思广

---

① 编者注:《中国佛教经典宝藏》丛书,大陆出版时改为《中国佛学经典宝藏》丛书。

益,大家决定其所呈现的风格应该具备下列四项要点:

一、启发思想:全套《中国佛教经典宝藏》共计百余册,依大乘、小乘、禅、净、密等性质编号排序,所选经典均具三点特色:

1. 历史意义的深远性
2. 中国文化的影响性
3. 人间佛教的理念性

二、通顺易懂:每册书均设有原典、注释、译文等单元,其中文句铺排力求流畅通顺,遣词用字力求深入浅出,期使读者能一目了然,契入妙谛。

三、文简意赅:以专章解析每部经的全貌,并且搜罗重要的章句,介绍该经的精神所在,俾使读者对每部经义都能透彻了解,并且免于以偏概全之谬误。

四、雅俗共赏:《中国佛教经典宝藏》虽是白话佛典,但亦兼具通俗文艺与学术价值,以达到雅俗共赏、三根普被的效果,所以每册书均以题解、源流、解说等章节,阐述经文的时代背景、影响价值及在佛教历史和思想演变上的地位角色。

兹值佛光山开山三十周年,诸方贤圣齐来庆祝,历经五载、集二百余人心血结晶的百余册《中国佛教经典宝藏》也于此时隆重推出,可谓意义非凡,论其成就,则有四点可与大家共同分享:

一、佛教史上的开创之举：民国以来的白话佛经翻译虽然很多，但都是法师或居士个人的开示讲稿或零星的研究心得，由于缺乏整体性的计划，读者也不易窥探佛法之堂奥。有鉴于此，《中国佛教经典宝藏》丛书突破窠臼，将古来经律论中之重要著作，做有系统的整理，为佛典翻译史写下新页！

二、杰出学者的集体创作：《中国佛教经典宝藏》丛书结合中国大陆北京、南京各地名校的百位教授、学者通力撰稿，其中博士学位者占百分之八十，其他均拥有硕士学位，在当今出版界各种读物中难得一见。

三、两岸佛学的交流互动：《中国佛教经典宝藏》撰述大部分由大陆饱学能文之教授负责，并搜录台湾教界大德和居士们的论著，借此衔接两岸佛学，使有互动的因缘。编审部分则由台湾和大陆学有专精之学者从事，不仅对中国大陆研究佛学风气具有带动启发之作用，对于台海两岸佛学交流更是帮助良多。

四、白话佛典的精华集萃：《中国佛教经典宝藏》将佛典里具有思想性、启发性、教育性、人间性的章节做重点式的集萃整理，有别于坊间一般"照本翻译"的白话佛典，使读者能充分享受"深入经藏，智慧如海"的法喜。

今《中国佛教经典宝藏》付梓在即，吾欣然为之作序,并借此感谢慈惠、依空等人百忙之中,指导编修;吉广兴等人奔走两岸,穿针引线;以及王志远、赖永海等大陆教授的辛勤撰述;刘国香、陈慧剑等台湾学者的周详审核;满济、永应等"宝藏小组"人员的汇编印行。由于他们的同心协力,使得这项伟大的事业得以不负众望,功竟圆成!

《中国佛教经典宝藏》虽说是大家精心擘划、全力以赴的巨作,但经义深邈,实难尽备;法海浩瀚,亦恐有遗珠之憾;加以时代之动乱,文化之激荡,学者教授于契合佛心,或有差距之处。凡此失漏必然甚多,星云谨以愚诚,祈求诸方大德不吝指正,是所至祷。

一九九六年五月十六日于佛光山

原版序
敲门处处有人应

《中国佛教经典宝藏》是佛光山继《佛光大藏经》之后,推展人间佛教的百册丛书,以将传统《大藏经》精华化、白话化、现代化为宗旨,力求佛经宝藏再现今世,以通俗亲切的面貌,温渥现代人的心灵。

佛光山开山三十年以来,家师星云上人致力推展人间佛教,不遗余力,各种文化、教育事业蓬勃创办,全世界弘法度化之道场应机兴建,蔚为中国现代佛教之新气象。这一套白话精华大藏经,亦是大师弘教传法的深心悲愿之一。从开始构想、擘划到广州会议落实,无不出自大师高瞻远瞩之眼光,从逐年组稿到编辑出版,幸赖大师无限关注支持,乃有这一套现代白话之大藏经问世。

这是一套多层次、多角度、全方位反映传统佛教文化的丛书,取其精华,舍其艰涩,希望既能将《大藏经》

深睿的奥义妙法再现今世，也能为现代人提供学佛求法的方便舟筏。我们祈望《中国佛教经典宝藏》具有四种功用：

一、是传统佛典的精华书

中国佛教典籍汗牛充栋，一套《大藏经》就有九千余卷，穷年皓首都研读不完，无从赈济现代人的枯槁心灵。《宝藏》希望是一滴浓缩的法水，既不失《大藏经》的法味，又能有稍浸即润的方便，所以选择了取精用弘的摘引方式，以舍弃庞杂的枝节。由于执笔学者各有不同的取舍角度，其间难免有所缺失，谨请十方仁者鉴谅。

二、是深入浅出的工具书

现代人离古愈远，愈缺乏解读古籍的能力，往往视《大藏经》为艰涩难懂之天书，明知其中有汪洋浩瀚之生命智慧，亦只能望洋兴叹，欲渡无舟。《宝藏》希望是一艘现代化的舟筏，以通俗浅显的白话文字，提供读者遨游佛法义海的工具。应邀执笔的学者虽然多具佛学素养，但大陆对白话写作之领会角度不同，表达方式与台湾有相当差距，造成编写过程中对深厚佛学素养与流畅白话语言不易兼顾的困扰，两全为难。

三、是学佛入门的指引书

佛教经典有八万四千法门，门门可以深入，门门是无限宽广的证悟途径，可惜缺乏大众化的入门导览，不易寻觅捷径。《宝藏》希望是一支指引方向的路标，协助十方大众深入经藏，从先贤的智慧中汲取养分，成就无上的人生福泽。

四、是解深入密的参考书

佛陀遗教不仅是亚洲人民的精神归依，也是世界众生的心灵宝藏。可惜经文古奥，缺乏现代化传播，一旦庞大经藏沦为学术研究之训诂工具，佛教如何能扎根于民间？如何普济僧俗两众？我们希望《宝藏》是百粒芥子，稍稍显现一些须弥山的法相，使读者由浅入深，略窥三昧法要。各书对经藏之解读诠释角度或有不足，我们开拓白话经藏的心意却是虔诚的，若能引领读者进一步深研三藏教理，则是我们的衷心微愿。

大陆版序一

《中国佛教经典宝藏》是一套对主要佛教经典进行精选、注译、经义阐释、源流梳理、学术价值分析,并把它们翻译成现代白话文的大型佛学丛书,成书于二十世纪九十年代,由台湾佛光文化事业有限公司出版,星云大师担任总监修,由大陆的杜继文、方立天以及台湾的星云大师、圣严法师等两岸百余位知名学者、法师共同编撰完成。十几年来,这套丛书在两岸的学术界和佛教界产生了巨大的影响,对研究、弘扬作为中国传统文化重要组成部分的佛教文化,推动两岸的文化学术交流发挥了十分重要的作用。

《中国佛学经典宝藏》则是《中国佛教经典宝藏》的简体字修订版。之所以要出版这套丛书,主要基于以下的考虑:

首先,佛教有三藏十二部经、八万四千法门,典籍浩瀚，博大精深，即便是专业研究者，穷其一生之精力，恐也难阅尽所有经典，因此之故，有"精选"之举。

其次，佛教源于印度，汉传佛教的经论多译自梵语；加之，代有译人，版本众多，或随音，或意译，同一经文，往往表述各异。究竟哪一种版本更契合读者根机？哪一个注疏对读者理解经论大意更有助益？编撰者除了标明所依据版本外，对各部经论之版本和注疏源流也进行了系统的梳理。

再次，佛典名相繁复，义理艰深，即便识得其文其字，文字背后的义理，诚非一望便知。为此，注译者特地对诸多冷僻文字和艰涩名相，进行了力所能及的注解和阐析，并把所选经文全部翻译成现代汉语。希望这些注译，能成为修习者得月之手指、渡河之舟楫。

最后，研习经论，旨在借教悟宗、识义得意。为了将其思想义理和现当代价值揭示出来，编撰者对各部经论的篇章品目、思想脉络、义理蕴涵、学术价值等所做的发掘和剖析，真可谓殚精竭虑、苦心孤诣！当然，佛理幽深，欲入其堂奥、得其真义，诚非易事！我们不敢奢求对于各部经论的解读都能鞭辟入里，字字珠玑，但希望能对读者的理解经义有所启迪！

习近平主席最近指出："佛教产生于古代印度，但传入中国后，经过长期演化，佛教同中国儒家文化和道家文化融合发展，最终形成了具有中国特色的佛教文化，给中国人的宗教信仰、哲学观念、文学艺术、礼仪习俗等留下了深刻影响。"如何去研究、传承和弘扬优秀佛教文化，是摆在我们面前的一个重要课题，人民东方出版传媒有限公司拟对繁体字版的《中国佛教经典宝藏》进行修订，并出版简体字版的《中国佛学经典宝藏》，随喜赞叹，寥寄数语，以叙因缘，是为序。

二〇一六年春于南京大学

大陆版序二

身材高大、肤色白皙、擅长军事的亚利安人，在公元前四千五百多年从中亚攻入西北印度，把当地土著征服之后，为了彻底统治这里的人民，建立了牢不可破的种姓制度，创造了无数的神祇，主要有创造神梵天、破坏神湿婆、保护神毗婆奴。人们的祸福由梵天决定，为了取悦梵天大神，需要透过婆罗门来沟通，因为他们是从梵天的口舌之中生出，懂得梵天的语言——繁复深奥的梵文，婆罗门阶级是宗教祭祀师，负责教育，更掌控了神与人之间往来的话语权。四种姓中最重要的是刹帝利，举凡国家的政治、经济、军事、文化等等都由他们实际操作，属贵族阶级，由梵天的胸部生出。吠舍则是士农工商的平民百姓，由梵天的膝盖以上生出。首陀罗则是被踩在梵天脚下的土著。前三者可以轮回，纵然几世轮转都无法脱离原来种姓，称为再生族；首陀罗则连轮回的因缘都没有，为不生族，生生世世为首陀罗，子孙也倒霉跟着宿命，无法改变身份。相对于此，贱民比首陀罗更为卑微、低贱，连四种姓都无法跻身其中，只能从事挑粪、焚化尸体等最卑贱、龌龊的工作。

出身于高贵种姓释迦族的悉达多太子，为了打破种姓制度的桎梏，舍弃既有的优越族姓，主张一切众生皆平等，成正等觉，创立了佛教僧团。为了贯彻佛教的平等思想，佛陀不仅先度首陀罗身份的优婆离出家，后度释迦族的七王子，先入山门为师兄，树立僧团伦理制度。佛陀更严禁弟子们用贵族的语言——梵文宣讲佛法，而以人民容易理解的地方口语来演说法义，这就是巴利文经典的滥觞。佛陀认为真理不应该是属于少数贵族、知识分子的专利或装饰，而应该更贴近普罗大众，属于平民百姓共有共知。原来佛陀早就在推动佛法的普遍化、大众化、白话化的伟大工作。

佛教从西汉哀帝末年传入中国，历经东汉、魏晋南北朝、隋唐的漫长艰巨的译经过程，加上历代各宗派祖师的著作，积累了庞博浩瀚的汉传佛教典籍。这些经论义理深奥隐晦，加以书写的语言文字为千年以前的古汉文，增加现代人阅读的困难，只能望着汗牛充栋的三藏十二部扼腕慨叹，裹足不前。

如何让大众轻松深入佛法大海，直探佛陀本怀？佛光山开山宗长星云大师乃发起编纂《中国佛教经典宝藏》。一九九一年，先在大陆广州召开"白话佛经编纂会议"，订定一百本的经论种类、编写体例、字数等事项，礼聘中国社科院的王志远教授、南京大学的赖永海教授分别为中国大陆北方与南方的总联络人，邀请大陆各大学的佛教学者撰文，后来增加台湾部分的三十二本，是为一百三十二册的《中国佛教经典宝藏精选白话版》，于一九九七年，作为佛光山开山三十周年的献礼，隆重出版。

六七年间我个人参与最初的筹划，多次奔波往来于大陆与台湾，小心谨慎带回作者原稿，印刷出版、营销推广。看到它成为佛教徒家中的传家宝藏，有心了解佛学的莘莘学子的入门指南书，为星云大师监修此部宝藏的愿心深感赞叹，既上契佛陀"佛法不舍一众"的慈悲本怀，更下启人间佛教"普世益人"的平等精神。尤其可喜者，欣闻现大陆出版方东方出版社潘少平总裁、彭明哲副总编亲自担纲筹划，组织资深编辑精校精勘；更有旅美企业家鲁彼德先生事业有成之际，秉"十方来，十方去，共成十方事"之襟怀，促成简体字版《中国佛学经典宝藏》的刊行。今付梓在即，是为序，以表随喜祝贺之忱！

二○一六年元月

目　录

四十二章经

题解 001

经典 017

　　1　出家证果　019
　　2　少欲知足　022
　　3　十善恶业　023
　　4　灭罪得道　025
　　5　以善待恶　026
　　6　为恶祸己　028
　　7　害贤殃身　030
　　8　博施福大　031
　　9　较量功德　033
　　10　天下五难　035
　　11　得道知命　036

12	人生四问	038
13	舍爱得道	040
14	明来暗灭	043
15	以道为念	044
16	恒念无常	045
17	念道行道	047
18	四大无我	049
19	贪名遭祸	051
20	财色苦本	052
21	爱患甚狱苦	053
22	色欲障道	054
23	远离爱欲	055
24	天女娆佛	057
25	无为保身	059
26	谨慎心意	061
27	正观女色	062
28	远离欲火	064
29	心寂欲息	065
30	心灭意灭	067
31	不爱忧畏无	069
32	精进得道	070
33	学道调心	072

34 垢除行净 074
35 人生皆苦 076
36 人有八难 077
37 人命呼吸间 079
38 念戒得道 081
39 佛经如蜜 082
40 恶尽得道 083
41 直心念道 084
42 富贵如幻 085

源流 087

解说 095

附录 099
  四十二章经序 101

八大人觉经

题解 105

经典 113

解说 121

参考书目 127

佛遗教经

题解 131

经典 147

解说 173

附录 177
    佛光永照（代跋）　179

参考书目 183

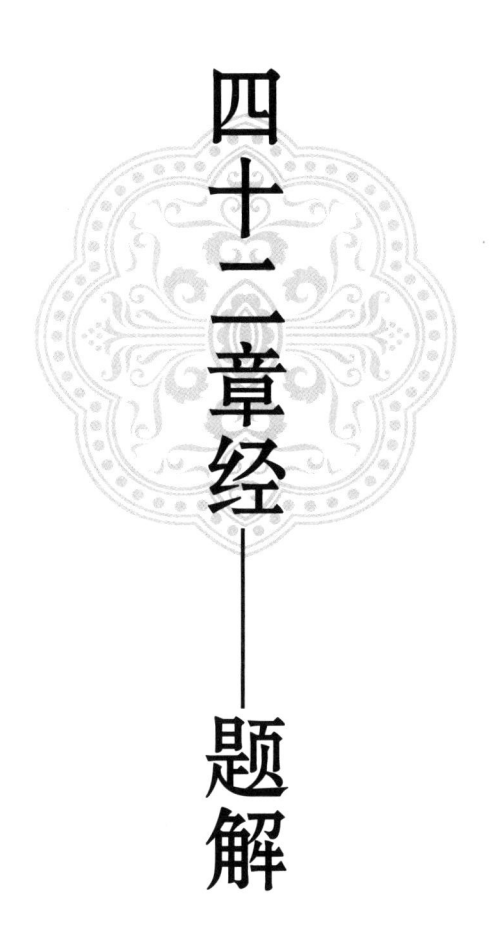

四十二章经——题解

《四十二章经》，由篇幅较短的四十二篇经文构成，一般公认作是中国最早的佛经译典。但本经的译者、译出年代及诸版本文字出入等问题，自古以来众说纷纭，迄今尚无定论。以下拟就这些问题逐一做一考察，以期读者对本经有一个大概的了解。

关于本经的版本

有代表性的三个版本

《四十二章经》，历代均入藏，现存版本不下十种，若以文字出入较大为标准，大致可分为三个系列：即《丽藏》本、宋真宗注本及以江北刻经处本为代表的近代通行本。

三个版本章节开合及经文出入均较大。从历史顺序看,《丽藏》本为北宋初年蜀刻,时代最早,应当是现存异本中最接近于旧写本的一种。但由于近代发现并影印出唐大历十三年(公元七七八年)怀素草书《四十二章经》,同宋真宗注本中经文相同,证明至少在唐代宗时即有本经的两个版本共流于世。

至于近代通行的本子则源自唐《宝林传》卷一所载《四十二章经》残本,后世宋六和塔本、明了童补注宋守遂注本〔乾隆元年(公元一七三六年)庄亲王府重刻〕均同《宝林传》本大体相同。明智旭的《四十二章经解》、清道霈《四十二章经疏钞》、近代的江北刻经处本均依明了童补注宋守遂注本。上述近代诸本,虽间或有文字出入乃至章节开合的不同,有的未有经后"流通分",有的增加各章四字标题,但从整体上讲,同《丽藏》本和宋真宗注本差距较大,自成一个系列的版本。我们以江北刻经处本作为这个系列的代表。

三个版本的相互比较

三个版本的差异比较明显。突出地表现在三个方面:其一,经文组织结构的不同。即《经序》和"初序分""流通分"的有无;其二,章节开合的差异;其三,文字多寡的差异,而更重要的是由文字差异所表现出来的思想倾向的不同。

下面我们就此三点逐一加以比较。

第一，经文组织结构的不同。

关于《经序》，即经文前汉明帝夜梦金人，遂遣使求法的一段文字，《丽藏》本有之，因之者有宋藏本、元藏本、宫保本等。而无此《经序》，有"初序分""流通分"者：宋真宗注本（怀素草书本）、房山石经本、明藏本、清乾隆年间印四体合璧本以及江北刻经处本。就我们作为比较的三个版本而言，有《经序》者为《丽藏》本，无《经序》而有"初序分"和"流通分"者为宋真宗注本和江北刻经处本。

这种经文组织结构的不同，可以反映出译经风格的差异。通常而言，佛经翻译走上正轨之后，"初序分"和"流通分"常为佛经不可或缺的组成部分，是佛经翻译成熟的一个表现。

第二，章节开合的差异。

除了上面所言的经文组织结构的区别之外，三个版本的另外一个较大差异，即在于各章节之间的分别开合上。兹列举如下：（各章节以《丽藏》本为准。）

1. 宋真宗注本和江北刻经处本在首章之后均加上佛言："出家沙门者，断欲去爱，识自心源，达佛深理，悟无为法。内无所得，外无所求，心不系道，亦不结业。

无念无作，非修非证。不历诸位，而自崇最。名之为道。"一章（均为第二章）。

2. 第六、七两章，宋真宗注本合为一章（为第七章）。

3. 第八章，江北刻经处本分作两章（第九、十章）。

4. 第九章，江北刻经处本分为两章（第十一、十二章），将"孝其二亲"独列为第十二章。

5. 第十七章，为江北刻经处本所无。

6. 第二十三、二十四章江北刻经处本合为一章（第二十六章）。

7. 第二十九、三十章江北刻经处本合为一章（第三十一章）。

8. 第三十七、三十八两章江北刻经处本倒置（第三十八、三十七章）。

由上述可知，《丽藏》本和宋真宗注本章节开合差异不甚大，除去后者多出第二章，并将前者的六、七两章合为一章而外，其余章节均相吻合。但两者同江北刻经处本差异较大，前所述列难以反映章节差异的全貌，请参看"经文和注释"。

第三，文字和思想内容的差异。

三个版本中，最大的差异当属文字及由文字所表现出来的思想倾向和内容的不同。在这里，我们舍弃文字上的微小不同乃至表达同一思想而文字出入极大的地方，着重逐一考察思想倾向全然不同的经文。（比较以《丽藏》本为准。）

一、首章宋真宗注本和江北刻经处本在"辞亲出家"后均有"识心达本，解无为法"的字句。

二、宋真宗注本和江北刻经处本之第二章，为《丽藏》本所无。特别是"内无所得，外无所求，心不系道，亦不结业，无念无作，非修非证。不历诸位，而自崇最"，这几句话，同经首所言小乘四果，"断欲去爱""除垢""得道"这种修行证果思想似不符。

三、第九章，江北刻经处本最后作"饭千亿三世诸佛，不如饭一无念无住、无修无证之者"，此显系后世禅门之言，并且同《阿含经》中相应经文全然不类。

四、第十章言天下五难，宋真宗注本和江北刻经处本均言"二十难"，唯文字和顺序稍有不同。所言"二十难"中有大乘思想烙印。

五、第十五章原作："吾何念——念道；吾何行——行道；吾何言——言道。吾念谛道，不忽须臾也。"在江北刻经处本作："吾法：念无念念，行无行行，言无言言，修无修修。会者近尔，迷者远乎。言语道断，非物所拘。差之毫厘，失之须臾。"不但前后意思相违，而且后者言语都是禅门习语，添改痕迹明显。

六、第十六章原作："观天地，念非常；观山川，念非常；观万物形体丰炽，念非常。执心如此，得道疾矣。"江北刻经处本作："观天地，念非常；观世界，念非常；观灵觉，即菩提。如是知识，得道疾矣。"后者中"观灵觉，即菩提"，禅味较浓，且同全经修行道果的主调不大符合。

七、第三十六章末言："既生菩萨家，以心信三尊，随佛世难。"与《阿含经》中相应的经文相符（参看译文和注释）。江北刻经处本作："既得遇道，兴信心难；既兴信心，发菩提心难；既发菩提心，无修无证难。"

八、在末四十二章中，宋真宗注本和江北刻经处本均添加如下一段文字："视大千世界如一诃子，视阿耨池水如涂足油，视方便（门）如化（宋真宗注本作"筏"字）宝聚，视无上乘如梦金帛，视佛道如眼前华，视（求）禅定如须弥柱，视涅槃如昼夜寐，视倒正（者）如六龙舞，视平等（者）如一真地，视兴化（者）如四时木。"（括号内除"门"字为江北刻经处本有，宋真宗注本所无外，其余均为宋真宗注本有而江北刻经处本所无。）

由此可知,《丽藏》本同宋真宗注本的区别在于文字的增多；而所增多的部分均同江北刻经处本相同。江北刻经处本同前两者的最大差异在于增加了许多大乘般若和禅宗的思想。

关于译者和译出年代

本经的译者和译出年代，均同汉明帝夜梦神人、遣使求法有关。这个传说最早见之于汉末的《牟子理惑论》和《四十二章经序》，其余的记载均源出于此二本。由于此二者最早出现，故予以比较，其余关于明帝求法之传说在此不论。

近人对《理惑论》和《经序》的文字做了较多的比较研究后，均认为《经序》文字简略、事实较少，故认为《理惑论》中求法传说为晚出，且源自《经序》。然而，我认为前辈诸论均忽略了一个极为微小的细节：细读两段文字之起首，《理惑论》作"昔孝明皇帝……"，而《经序》作"昔汉孝明皇帝……"，即《经序》中多了一个"汉"字。从这个微小的区别中，我们可以断定，《理惑论》实出于东汉末年，因述本朝之事，故称"孝明皇帝"；《经序》或为三国时代问世，故言"昔汉孝明皇帝"，此"序"得之于《理惑论》的启发也完全有可能。

《经序》的晚出并不说明经文的晚出。例如东汉安世高所译的小乘禅法诸经，其序文多为东晋著名高僧道安所作，中国佛经译典序文为译者后时代人所作也绝非少数。况在《理惑论》中三引《四十二章经》经文亦说明《四十二章经》在《理惑论》之前已问世。这里需说明的一点是：中国古代作者引典时随文体所需而将典故化解成自己的语言，并非一成不变地照搬原文，故将《理惑论》所引《四十二章经》同现存本皆不符而认为先有另译本存在，是不了解古文体所作的武断判断。

实质上，不论是《经序》，抑或《理惑论》，其格外引人注目和有价值的地方不在于在明帝时佛法始传中土，因为在汉哀帝时就有博士弟子景卢受大月氏王使伊存口授佛经的记载（事见《魏略·西戎传》），到明帝时楚王英即黄老、浮屠并祭，并为沙门、居士设盛馔供养，为此还受到明帝的赞赏（事见《后汉书·楚王英传》）。这说明在汉明帝时，佛教已在社会上造成了一定的影响，已有一批信奉佛法的人。退一步讲，即使明帝于佛法一无所知，作为"通人"的传毅也已所闻，说明在朝廷内部对佛法也略有所知。

因此，《经序》和《理惑论》中关于永平求法的记载的最大价值在于"至大月支国写取佛经四十二章"，在于《四十二章经》成为中国第一部汉译佛典，更深的意义在于佛法受到了中国王朝的重视和认可。

问题在于：永平求法是否为史实？此次求法是否携《四十二章经》回朝？鉴于年代久远，正史亦无载（袁宏

《后汉纪》晚出,抄袭《经序》和《理惑论》当为无疑),无法予以详细考证。但我们宁愿信其有,不肯信其无。理由如下:首先,中外信使相互往来实为正常现象,明帝时通西域的交通亦未完全断绝;其次,汉代历朝君王都有求道术的传统,而在明帝时作为道术出现的佛法已在社会上,特别是在王公贵族中造成了一定的声势;明帝遣使者至佛法盛行之地考察,亦在情理之中;最后,也是最重要的一点,《理惑论》作于汉末,上距永平仅百余年,又属面对儒、道两家攻击,为佛法辩护之文,不可能不顾历史事实,捏造出如此重大的历史事件而授人以柄。所以,求法传说中即便具体过程、求法人物与事实有出入,但求法之事不可断然予以否定。

至于此次求法是否携带回《四十二章经》梵文本,我认为这种可能性微乎其微。因为西域佛教自传入伊始,即基本保持印度佛教的原貌,出现这样一部"撮要引俗"的经文的可能性极小。

对于《四十二章经》的译出年代的合理解释是:本经译出于汉明帝永平年间至汉桓帝初年安世高大规模译经之前。理由如下:第一,《理惑论》和《经序》均言求得《四十二章经》,但均未言及译者和译出情况;第二,从楚王英奉佛等记载来看,并未提及佛经,说明当时的佛经或许仍停留在口传阶段;第三,未言译者和翻译情况，而其年代又相距不远，说明此经一则在当时流行甚广，且又早于汉桓帝时安世高译经，二则此经或为集中了佛教初传之后口传经典和异域僧徒传道诸说汇集整理而成；第四，尽管汉代历朝有追求神仙道术的传统，但在汉初"经学"兴盛的情况下，对于贯之以"经"仍必是慎而又慎的。所以在安世高大量译经之先，必定有一部在社会中得以认可的佛经流通，而以此证明《四十二章经》出于明、桓世之间，还是合乎逻辑的。

至于本经的译者，在《理惑论》和《经序》中尚未提及。至《出三藏记集》卷二始说张骞、秦景等于月支国遇沙门竺摩腾，译出此经还洛阳，似乎确定此经系竺摩腾译于月支。《历代三宝纪》引《宝唱录》，以为本经系竺法兰译。至《高僧传》卷一则载蔡愔等求法，于西域遇竺摩腾并竺法兰共归，中途法兰受弟子之请即作逗留，后至洛阳。《传》中先言竺摩腾译《四十二章经》于洛阳，后又言蔡愔等在西域获此经，法兰即为译之。似乎此经译人译地均有二。后人便依《高僧传》卷一题为迦叶摩腾并竺法兰共译。

由此可见，在汉末牟子作《理惑论》时，本经的译者即已属疑问，至后世，其说法中多有矛盾。我认为，《四十二章经》乃是安世高译经之前佛法在东土流行的一个总结，其翻译经历了口传、整理到定本的过程，乃是多人乃至几代人的努力而成。其定本约在明帝至桓帝初年的近一个世纪间形成并流传。《理惑论》和《经序》为强调其出自君王并据之有本，遂借明帝求法和西域获梵本之说，而后世更造出译者，反而处处显得牵强矛盾。

前面已经提出：《经序》实为晚出，至早应在三国时代。那么最早的经文形式是怎样的呢？我认为大致上应是《丽藏》本中除去《经序》部分的纯粹四十二段经文。那么，"初序分"和"流通分"又是什么时候出现的呢？

《历代三宝纪》云此经前后有二译：一、迦叶摩腾译于白马寺，二、吴支谦译。近代有学者认为现存《四十二章经》即为支译，而后汉古译本已佚，或为支译所替代已久。此论断不确，完全忽视了《丽藏》本和宋真宗注本（唐怀素手书本）中经文组织结构的不同。

《历代三宝纪》又云，支译较汉译"少异"，且"文义允正，辞句可观"。这里，我们须注意的是，前后两译"少异"，即区别并不是很大，而支译优点在于"文义允正，辞句可观"。我认为支译《四十二章经》可能性不大，一则《四十二章经》本无梵本可依，二则至支谦时，安世高所译小乘经典和支娄迦谶所译初期大乘经典已成规模，译经的选择、格式、语言等日趋成熟，没有必要重译这样一部"撮要引俗"的佛经，而更大的可能性是支谦鉴于本经作为中土第一部译经,而对经文做了修证,而最大的修证即在于用"初序分"替代了此时已随经文一起流行的《经序》,并在经末添加"流通分",使其在经文组织结构上更加成熟化,并且在经文中加入大乘思想的字句。这或许就是《三宝纪》中所谓"文义允正,文辞可观"的含义所在。"初序分"和"流通分"与全经体例不合、用语不类,至为明显。而支译之后,或许仍有佛门弟子以《经序》为正宗,或有以支谦之修证为正统,遂出现两种经文(以《丽藏》本和宋真宗注本为代表)并行于世的现象。

《出三藏记集》云本经为《道安录》所不载,遂有学者以为此经为后世汉人所撰,以为晚出伪经。我以为《道安录》所以不载,可能原因有二:其一,道安为历史上著名严谨学者,《四十二章经》经本未现,故不录之;其二,道安抑或以为本经体例与通行佛经不类,故不录之。总之,本经作为中土第一译经的地位是不能动摇的。

综上所述,本经是中国历史上第一部汉译佛经,最初的翻译经历了收集口传经法、整理到翻译的过程,文字翻译的定稿约完成于汉明帝至汉桓帝初年(公元一世纪中后期至二世纪中前期),定稿人不详。后经三国吴支谦做修证,并掺入若干大乘思想。至于近代通行本,则经唐宋禅门人士增添纂改,历历可数,此不赘述(参看隆莲法师《四十二章经》一文)。

关于本经的性质

本经既非中土人士所纂,亦非正统的佛经翻译。若言中土人士所纂,即言此经为早期佛教徒在没有佛经翻译的情况下所创,以此作为有著作的中国佛教史的开端,此说甚谬。若言此经从梵本翻译,据当时西域诸地佛教流传情况,存在这样一部梵本佛经的可能性微乎其微。即按《历代三宝纪》引《旧录》云:"本是外国经抄,元出大部,撮要引俗,似此《孝经》十八章。"亦难说明此从"外国经抄"译出。因为按我们的考证,本经的原貌是纯四十二段经文,与"外国经抄"体例全然不符。所以这部经只能是据当时外国僧侣讲经说法而加以整理,"撮要引俗"而成的结果。用现代语言来讲,乃是一部"编译"的佛经。正因为是"编译",方体现出简洁的文字、独特的文体,更突显出小乘佛学的修行纲领,至今仍受到人们的重视。

《四十二章经》,日本《大正藏》列入"方等部",江北刻经处同《八大人觉经》《佛遗教经》合册称《佛遗教三经》,金陵刻经处依江北刻经处,在目录中将其列入"涅槃部"。而依其性质,实应列入"阿含部",但又不同于诸《阿含》别译，因通常的《阿含》别译均为各《阿含》中某卷某品之异译，而此经则为散见于《阿含经》各卷品的集译，且译文较之原文远为简略。本经作为中国佛教史上的第一译，集中体现了中国翻译的特色，将同《阿含》诸经相对应的冗长重复文字给予简洁、明快的表达，造就出同中国传统文化完全相适应的文体，至今读来依然亲切感人。

本经的注释和译文以最接近于汉译原貌的《丽藏》本为底本，除经文中明显的错字、脱文、衍文外，一般不加校勘。

四十二章经——经典

1 出家证果

原典

佛言:"辞亲出家为道,名曰沙门①。常行二百五十戒②,为四真道行③。进志清净,成阿罗汉④。阿罗汉者,能飞行变化,住寿命,动天地。次为阿那含⑤。阿那含者,寿终魂灵上十九天⑥,于彼得阿罗汉。次为斯陀含⑦。斯陀含者,一上一还,即得阿罗汉⑧。次为须陀洹⑨。须陀洹者,七死七生,便得阿罗汉⑩。爱欲断者,譬如四支断,不复用之。"

注释

①沙门:古印度出家修行者的通称。佛教中特指出

家修习佛法的男子。又称作比丘,现通称和尚。

②**二百五十戒**:又称具足戒,出家比丘所应遵循的二百五十条戒律。

③**四真道行**:即苦、集、灭、道四真谛。

④**阿罗汉**:小乘佛教修行的最高果位。得此果位,不再受生死轮回、业力报应,永入涅槃之地。又证入阿罗汉果之圣者,超出三界,四智已经圆融无碍,已无法可学,故称为无学。

⑤**阿那含**:小乘修行四果中第三果。得此果位能断尽欲界烦恼,来生将摆脱欲界,受生于色界、无色界。

⑥**十九天**:指阿那含寿终经色界四禅天之十八天,在无色界的空无边处受生为阿罗汉。色界十八天为,初禅天三天:梵众天、梵辅天、大梵天;二禅三天:少光天、无量光天、光音天;三禅三天:少净天、无量净天、遍净天;四禅九天:无云天、福生天、广果天、无烦天、无热天、善见天、色究竟天、无想天、善现天。

⑦**斯陀含**:小乘修行四果中第二果。

⑧**一上……阿罗汉**:由于斯陀含思惑尚未断尽,还须在欲界和天界各受生一次,方成阿罗汉,所以说一上一还,即得阿罗汉。

⑨**须陀洹**:小乘四果中的初果。即指入见道时,初见四圣谛之理,得无漏清净智慧眼之阶位。

⑩**七死……阿罗汉**：指须陀洹思惑未除尽，需要七死七生才能断尽烦恼，得阿罗汉果位。所以说七死七生，便得阿罗汉。

译文

佛教导说："辞别亲人，出家修习佛法，这就叫作'沙门'。沙门应当时时遵循二百五十条大戒，以四真谛作为修行的法则。沙门只要坚持精进不懈退，清净修行，最终必得证阿罗汉果。所谓'阿罗汉'，能以神通飞行往来，又能变化形体，凡俗莫测；可以旷久住世，经劫不灭，又能以神通震动天地。较阿罗汉果位次一等级的为阿那含果。所谓'阿那含'，即说获此果位者不再来生欲界，命终将生于色界，上往初禅三天，二禅三天，三禅三天，四禅九天，在第十九天生，断尽烦恼而得阿罗汉果。其次，为斯陀含果。所谓'斯陀含'，须天上、人间各生一次，方才能得到阿罗汉果。最后，为须陀洹果。所谓'须陀洹'，是指在此果位须七度生死，然后才能断尽烦恼得阿罗汉果。得到圣果位的沙门，爱欲诸漏已经断尽，爱欲已断，就好像人被砍掉四肢，无法再用；断尽爱欲的人，也就不会再生爱欲。"

2　少欲知足

原典

佛言:"除须发,为沙门,受道法。去世资财,乞求取足;日中一食,树下一宿,慎不再矣!使人愚弊者,爱与欲也。"

译文

佛教导说:"剃除象征人生烦恼的须发,才能做沙门,接受佛法。沙门应该舍弃世间凡俗认为赖以生存的多余的财物,仅仅乞求维持自身的物品就足够了;太阳正中时吃顿饭,夜间树下一宿觉,千万莫要贪求更多的了!使人愚痴并受蒙蔽的,正是爱和欲啊!"

3 十善恶业

原典

佛言："众生以十事为善，亦以十事为恶；身三、口四、意三。身三者：煞①、盗、淫；口四者：两舌、恶骂、妄言、绮语；意三者：嫉、恚②、痴。不信三尊③，以邪为真。优婆塞④行五事⑤不懈退，至十事必得道也。"

注释

① "煞"当为"杀"字之误。
② **恚**：愤怒。
③ **三尊**：即佛、法、僧三宝。
④ **优婆塞**：在家修行之男子。现通称"居士"。

⑤**五事**：即五戒，不杀、不盗、不邪淫、不妄语、不饮酒。

译文

佛教导说："人们因为十件事成为善人，也由于十件事成为恶人。哪十件事呢？其中身体力行的有三，口中所说有四，心理活动有三。身体力行的三件事是：屠杀生灵、偷盗和行奸淫之事；口中所说的四件事是：两舌（挑拨离间）、恶骂（恶语伤人）、妄言（口出狂言）、绮语（花言巧语）；心理活动的三件事是：嫉妒、愤怒和愚痴。这十种恶行，都是由于不信奉佛法僧三宝，认邪门外道为真理所致。在家居士坚持不杀、不盗、不邪淫、不妄语、不饮酒等五戒，丝毫不放松懈退，去除上述十种不善的行为，成就十种善的行为，就能修行证得道果。"

4 灭罪得道

原典

佛言:"人有众过而不自悔,顿止其心,罪来归身。犹水归海,自成深广矣。有恶知非,改过得善,罪日消灭,后会得道也。"

译文

佛教诲说:"有的人有各种过错,却不知道忏悔,不知立刻停息那纷乱受染的心,罪业就会很快找上门来。这就像江河归向大海,不知不觉中加深加宽。身上有了恶业而能够知道自己的过错,改正自己的过错而从善业,罪业就会日渐消灭,今后定会证得道果。"

5　以善待恶

原典

佛言："人愚吾以为不善，吾以四等慈①护济之。重以恶来者，吾重以善往。福德②之气，常在此也。害气重殃，反在于彼。"

注释

①**四等慈**：四等，又称四无量心，即以慈、悲、喜、舍四心平等对待众生。

②**福德**：指能够获得世间、出世间幸福之行为。福德即指布施等行为，系成为生天之因的在家修行。

译文

佛说:"对于那些不怀善意者,我以慈、悲、喜、舍四无量心来回应他。如果他再以恶意待我,我仍待之以善。福德之气,常常就表现在这里。而那种由恶意所导致的大灾祸,反而落到那不怀善意的人身上。"

6 为恶祸己

原典

有人闻佛道守大仁慈，以恶来，以善往，故来骂。佛默然不答，悯之痴冥狂愚使然。骂止，问曰："子以礼从人，其人不纳，实礼如之乎？"曰："持归。""今子骂我，我亦不纳，子自持归，祸子身矣。犹响应声，影之追形，终无免离。慎为恶也！"

译文

有个愚蠢的人听说佛道以慈悲为本怀，对心怀恶意而来的人反待之以善，此人不大相信，便来当面辱骂佛。佛保持沉默而不言语，对他深怀怜悯，认为是愚痴、迷暗和狂妄导致他如此无礼。骂佛的人自感无趣，便停止了辱骂。佛启发性地问他道："你携带着礼物去送人，对方却不接受你的礼，那么你将这礼物怎么处理呢？"那人回答说："我只好将它带回。"佛说："你今天跑来辱骂我，我也不接受你的辱骂，你不是只好自己带着辱骂回去吗？遭受辱骂祸殃的正是你自己啊！作恶和报应就好比是回响和着声音，影子追随物体，永远无法将它们分离开来。人们可千万不能做恶事呀！"

7　害贤殃身

原典

佛言:"恶人害贤者,犹仰天而唾,唾不污天,还污己身;逆风坋人,尘不污彼,还坋于身。贤者不毁,祸必灭己也。"

译文

佛告诫说:"邪恶之人想要伤害贤德之士,就好比蠢人仰天而唾,唾沫星子不会弄污苍天,反而会落得自家满脸满身;又好像是逆风扬土撒人,尘土不会弄脏对方衣服,相反会落到自己身上,迷乱自己的双眼。有贤德的人是不能诋毁的,一意孤行将致杀身之祸。"

8　博施福大

原典

佛言："夫人为道务博爱，博哀施。德莫大施。守志奉道，其福甚大。人施道，助之欢喜，亦得福报。"质曰："彼福不当减乎？"佛言："犹若炬火，数千百人各以炬来，取其火去，熟食除冥，彼火如故。福亦如之。"

译文

佛教诲说："致力于佛道的人必须具备博爱的胸怀，以博大哀悯之心施舍与人。最高的德行没有大过施舍的行为的。坚持精进、奉守佛法的人，得到的福报极大。看见他人遵佛法行布施，随缘欢喜赞叹，也会相应地得到福报。"有人问佛："这样所得到的福报难道不会减少施舍所得到的福报吗？"佛回答说："这就好比只有一把点燃的火炬，有几百几千的人各自手持火把而来，从那火炬上引火而去，用来煮食饭米、消除黑暗，而那先前的火炬依然如旧，毫无减损。行布施所得到的福报也同那火炬一样不会减少。"

9　较量功德

原典

佛言："饭凡人百，不如饭一善人；饭善人千，不如饭持五戒者一人；饭持五戒者万人，不如饭一须陀洹；饭须陀洹百万，不如饭一斯陀含；饭斯陀含千万，不如饭一阿那含；饭阿那含一亿，不如饭一阿罗汉；饭阿罗汉十亿，不如饭辟支佛①一人；饭辟支佛百亿，不如以三尊之教，度其一世二亲；教亲千亿，不如饭一佛。学愿求佛，欲济众生也。饭善人，福最深重。凡人事天地鬼神，不如孝其亲矣，二亲最神也。"

注释

①**辟支佛**：无师友教诲，因观十二因缘之教而悟佛

法之人。通常称作缘觉。

译文

佛教导说:"供养一百个世俗凡人,不如供养一个善人;供养一千个善人,不如供养一个持五戒的人;供养一万个持五戒的人,不如供养一个须陀洹;供养百万个须陀洹,不如供养一个斯陀含;供养千万个斯陀含,不如供养一个阿那含;供养一亿个阿那含,不如供养一个阿罗汉;供养十亿个阿罗汉,不如供养一个辟支佛;供养一百亿个辟支佛,不如用佛法的教义,救度自己今生的双亲;以佛法教诲亲人一千亿,不如供养一个佛陀。修习佛法的人,只愿修得做佛,为的是救济众生。供养善人,在施舍福报中属最深重。世俗凡人祭祀天地鬼神,不如孝顺他们的双亲。双亲是凡世中最神圣的。"

10 天下五难

原典

佛言:"天下有五难:贫穷布施难,豪贵学道难,制命不死难,得佛经难,生值佛世难。"

译文

佛说:"天下有五种难以做到的事情,它们分别是:自身贫寒,饥寒交迫,而能布施救济他人难;豪门权贵,恣意放纵,而能舍弃尘累,专心致志于佛道难;知因果报应,当舍生施为,以死殉道难;人不信三宝,生死轮回,得见佛经难;人不修善因,能生逢诸佛出世难。"

11 得道知命

原典

有沙门问佛:"以何缘得道?奈何知宿命①?"佛言:"道无形,知之无益,要当守志行。譬如磨镜,垢去明存,即自见形。断欲守空,即见道真,知宿命矣。"

注释

①宿命:过去世之命运。即总称过去一生、无量生中之受报差别、善恶苦乐等情状。

译文

有个沙门问佛:"通过什么途径才能得道而证果?怎

样才能知晓自己过去世的命运？"佛陀告诉他："佛法的真如本性犹如虚空，没有形相可言。即便知道了却不去修证，也丝毫没有益处。重要的是应当具有坚定的信念和不懈的修行。这就好比人磨铜镜，镜上的污垢磨掉之后，镜上原本就有的明亮便显现出来，人便从中看到了自己的影像。沙门修行，断除欲望，志守万法俱空，便能去掉自身污垢，明了佛法真谛所在，知晓自己过去世的命运。"

12　人生四问

原典

佛言:"何者为善？唯行道善。何者最大？志与道合大。何者多力①？忍辱最健，忍者无怨，必为人尊。何者最明？心垢除，恶行灭，内清净无瑕。未有天地，逮于今日，十方所有，未见之萌，得无不知、无不见、无不闻，得一切智②，可谓明乎！"

注释

①**多力**：能动他法，不为他法所动，有大力者能由自力转一切法。

②**一切智**：佛教中的最高智慧，能知晓一切佛法。

又称"佛智"。

译文

佛教导说:"什么叫作善的行为?只有精进修行佛法,渐成圣果才叫作善的行为。什么东西最大?精进学佛,断灭诸惑得无漏智,志向与佛道相吻合最大。什么是有最大力者?忍辱的人不怀仇怨,能以勇健之力拒强敌,能忍辱的人内心不怀恶意,必将为世人所尊崇。什么样的人心最明亮?除掉内心污垢,灭息一切恶行,犹如白玉清净无瑕。天地创生之前,直至当今世界上所有的事物,没有他所认识不到的,他无所不知,无所不见,无所不闻,得到了佛教的最高智慧,这可以说他的心是最明亮的了吧!"

13　舍爱得道

原典

佛言:"人怀爱欲不见道,譬如浊水①以五彩②投其中,致力搅之。众人共临水上,无能其影者。爱欲交错,心中为浊故,不见道。水澄秽除,清净无垢,即自见形。

"猛火着釜③下,中水踊跃④,以布覆上⑤。众人照临,亦无其影者。心中本有三毒⑥,涌沸在内,五盖⑦覆外,终不见道要。心垢尽,乃知魂灵所从来,生死所趣向,诸佛国土道德所在耳。"

注释

①**浊水**:喻受染之心。

②**五彩**：喻色、声、香、味、触等五欲。

③**釜**：喻染心。

④**中水踊跃**：喻心中被贪、嗔、痴三毒扰乱。

⑤**以布覆上**：喻人被"五盖"遮蔽，无法得见真理。

⑥**三毒**：贪、嗔、痴。

⑦**五盖**：遮蔽清净心性的五种心理和行为：贪欲、嗔恚、睡眠、浮躁忧恼和多疑。

译文

佛说："人如果怀着爱欲之心，就无法明了佛法的光辉、没有办法明辨、见到真理。这就好比将五彩锦帛投入污浊水中，并用力搅拌，大家虽然靠近浊水边上也看不到自己的影像。浊水就像人已被染污的心，五彩锦帛就好比色、声、香、味、触之五尘，染心与爱欲交错，所以越发浑浊，无法见到佛法的真如本性。如果人们逐渐明了了其中的道理，内心忏悔，并接近深明佛理的有识之士，专心修习佛法，便能除掉自身的污垢，这样也就自然而然地见到自身的清净本性了。

"心着爱欲，不明了佛法真理的人，又好比铜锅下面架起猛火，锅中开水沸腾，锅上又覆盖着五层厚布。人们即便靠近锅旁，也根本无法看到水中自己的影像。以铜锅比喻已染外尘、本不清净的心，内盛喻贪、嗔、痴三毒的水，外加喻贪欲、嗔恚、睡眠、浮躁忧恼和多疑的"五盖"覆于其外，更有世俗及外道的猛火催烧，自然见不到佛法的真谛。只有除尽心中所怀的污垢，精进学佛，渐证果位，才能知晓自身的魂灵从何处来，来生又向何处去。这是所有佛国净土的道德所在。"

14 明来暗灭

原典

佛言:"夫为道者,譬如持炬火入冥室中,其冥即灭,而明犹在。学道见谛,愚痴都灭,得无不见。"

译文

佛说:"修持佛法的人,就好比手握火炬进入伸手不见五指的房屋之中:黑暗立即消失而唯有光明照耀。修习佛法,明了佛法真理的人,愚痴均已灭尽,人的心灵被佛法的真理之光所照明。"

15　以道为念

原典

佛言:"吾何念?念道;吾何行?行道;吾何言?言道。吾念谛道,不忽须臾也!"

译文

佛告诉众弟子:"我从早到晚思虑什么?思虑佛法;我坐卧住行都做些什么?实践佛法;我同弟子们日常谈些什么?宣讲佛法。我日日夜夜思虑佛法的至高真理,从来没有瞬间的疏忽啊!"

16 恒念无常

原典

佛言:"天地,念非常①;山川,念非常;万物形体丰炽,念非常。执心如此,得道疾矣。"

注释

①非常:万法无常,均是因缘造作,假象欺人。非常,即"诸法无常"之意。

译文

佛教诲说:"观察天地,虽然表面上恒久永存,但它仍是有生有灭,终归无常;观察大山江河,要想到它们随时变化,没有常形;观察世间万物,必须想到尽管看起来生机勃勃,充满活力,但都是虚伪假象,随时都会因为因缘的聚散而变化消失。修行佛法的人如果经常以这种诸行无常的态度去思考问题,就能迅速证得道果。"

17 念道行道

原典

佛言:"一日行,常念道、行道,遂得信根①,其福无量。"

注释

①**信根**:信为入理之根本,根者,坚固不动之义;信根是指笃信正道及助道法,则能生出一切无漏禅定智慧。

译文

佛教导说:"人在一天当中,应当时时思虑佛法,实践佛法,积年累月,便能树立坚固的信念,这样所得的福报是难以估量的。"

18　四大无我

原典

佛言："孰自念身中四大①，各②自有名，都为无③。吾我者，寄生生亦不久，其事如幻耳。"

注释

①**身中四大**：四大，指地、水、火、风。身中四大，佛教认为，人体的各个部分均由四大和合而成：地大，地以坚碍为性，如人的骨肉毛发；水大，水以润湿为性，如人身中之血液、精液和唾液等；火大，火以燥热为性，如人身上的暖气；风大，风以动转为性，如人身中之出入息及身动转属之。

②**各**：原作"名"。随诸本校改。

③**都为无**：身中四大组成人体各部分，各自有自己的名称，但都是四大因缘和合而成的假象、假名；因缘散尽，身体也随之消失。所以说"都为无"。

译文

佛告诫弟子："要清醒地意识到：身体的各个部分均是由地、水、火、风'四大'和合而成，虽然它们各自有其名称，但都仅是假名，从本质上都是空无。那个被称作'我'的东西，也不过是'四大'暂时聚合寄居之地，不会长久。人生不过是场梦幻而已。"

19　贪名遭祸

原典

佛言："人随情欲求华名，譬如烧香：众人闻其香，然香以熏自烧。愚者贪流俗之名誉，不守道真。华名危己之祸，其悔在后时。"

译文

佛告诫说："有的人被情欲牵着鼻子走，进而追求所谓的传世名誉。这就好像是那燃烧的香：大家闻到的是扑鼻的香味，但那香味却是以焚烧毁灭自身为代价才发出的。愚蠢的人贪图世俗的名誉，不遵守佛法的教义，所谓流传后世的名誉将危害自身的性命。他们后悔的日子在后头呢。"

20　财色苦本

原典

佛言:"财色之于人,譬如小儿贪刀刃之蜜,甜不足一食之美,然有截舌之患也。"

译文

佛说:"财物和美色对于人来讲,就像小孩子贪图刀刃上粘着的丁点儿蜂蜜:它吸引人的那点甜味,根本不够一餐的美食,相反倒有被割断舌头的危险。"

21　爱患甚狱苦

原典

佛言："人系于妻子、宝宅之患，甚于牢狱桎梏锒铛。牢狱有原赦。妻子情欲，虽有虎口之祸已，犹甘心投焉。其罪无赦。"

译文

佛告诫说："人们被妻子儿女和宝物田宅牢牢地系缚，这种祸患较之戴镣着铐、投进大牢更为可怕。牢狱之苦，尚有赦免之时；而对妻子儿女、宝物田宅的欲望，明知有被吞进虎口的大祸，却依然心甘情愿地投进去。这样的罪过永无赦免之日。"

22　色欲障道

原典

佛言:"爱欲莫甚于色。色之为欲,其大无外,赖有一矣;假其二,普天之民,无能为道者。"

译文

佛说:"人世间所有缠缚难解的欲望,没有比追求色欲的欲望更为强烈的了。追求色欲的欲望之大,没有能与之匹敌的了。假如已有色欲缠绕在身,再加上任何其他欲望掺杂,普天之下所有的人们,就根本不可能修行佛法了。"

23 远离爱欲

原典

佛言:"爱欲之于人,犹执炬火逆风而行:愚者不释炬,必有烧手之患。贪、淫、恚、怒、愚痴之毒处在人身,不早以道除斯祸者,必有危殃。犹愚贪执炬,自烧其手也。"

译文

佛教导说:"爱欲对于人来讲,就好比手举火把逆风而行。愚蠢的人舍不得扔掉火把,必定会有烧手的祸患。贪婪、淫欲、怨恨、愤怒、愚痴等毒瘤积聚在人身之中,如果不早早修习佛法,铲除这些祸患,必定会殃及自身。

这就好比愚蠢而又贪婪的人不肯舍弃火把,在逆风中烧到自己的手一样。"

24　天女娆佛

原典

天神①献玉女②于佛，欲以试佛意，观佛道。佛言："革囊众秽，尔来何为？以可斯俗，难动六通③。去！吾不用尔。"天神踰敬佛，因问道意。佛为解释，即得须陀洹。

注释

①**天神**：梵天、帝释等一切天界众的总称。此处指帝释天而言。

②**玉女**：即天女。

③**六通**：修习禅定所得到的六种神通：天眼通、天

耳通、他心通、宿命通、神足通、漏尽通。

译文

帝释天神想试探佛陀成正觉的心和道行，便将一位美貌绝伦的天女献往佛所。佛对天女说道："由众多污秽之物聚集而成的臭皮囊，你来这里做什么？欺骗、缠缚凡夫俗子还凑合，却难哄瞒身具六神通的圣贤大德。去吧！我这里没有你的立足之地。"帝释天神由此愈发敬重佛陀，并向佛陀请教佛法的真意所在。佛就为他讲解，帝释天神当下就证得须陀洹果位。

25　无为保身

原典

佛言:"夫为道者,犹木在水,寻流而行:不左触岸,亦不右触岸①,不为人所取,不为鬼神所遮,不为洄流所住,亦不腐败。吾保其入海矣。人为道不为情欲所惑,不为众邪所诳,精进无疑。吾保其得道矣。"

注释

①**不左触岸,亦不右触岸**:左右两岸,喻两重障碍:一为凡夫爱物,二为外道邪见。此亦即断常二见,凡夫计断,外道计常;抑或指"有空"二见,凡夫情爱之见是执有,外道虚无之见是执空。

译文

佛说:"修行佛法的人,就好比圆木在江水之中顺流而下,既不触左岸,也不触右岸,不会被人捞取,也不会被鬼神所阻挠,不会被江中洄流留住,更不会自身腐败。我敢担保此木可以顺利入海。修习佛法的人坚持遵循净戒,不被情欲所迷惑,不被各种邪见外道所欺骗,对佛法的信仰不存疑心,勇猛精进,我保证此人可以证得道果。"

26　谨慎心意

原典

佛告沙门:"慎无信汝意,意终不可信;慎无与色会,与色会即祸生。得阿罗汉道,乃可信汝意耳。"

译文

佛告诫诸位弟子:"千万不要轻易地相信你们自身的意识,你们的意识当中还存在着各种烦恼和邪见,所以最终不可相信。你们千万不要追逐女色,女色为惑乱之根本,所以追逐女色便会招致大祸。等你们断尽烦恼,证得阿罗汉果,方可相信你们自己的意识。"

27　正观女色

原典

佛告诸沙门："慎无视女人，若见无视。慎无与言，若与言者敕心正行，曰：吾为沙门，处于浊世，当如莲花，不为泥所污。老者以为母，长者以为姊，少者为妹，幼者子敬之以礼。意殊当谛惟：观自头至足，自视内，彼身何有，唯盛恶露诸不净种。以释其意矣。"

译文

佛告诫诸弟子："千万不要顾视女人，如果碰见了女人，也要予以回避，更不可与她们交谈；如果环境所迫，必须同她们交谈的话，必须使自己心行端正，在内心中默默告诫自己：我处在此爱欲横流的污浊世界中，出家修习佛法，应当像那莲华一样，出污泥而不染。见到女人，要将老者看作是自己的母亲，年长者当作自己的姐姐，年少者认作是自己的妹妹，年幼者当作自己的女儿，对她们一概以礼待之。如此默默告诫自己之后，如果仍存有非分之想的话，就应当审视思惟，观想自己从头到脚，这身体内部能有什么东西，除了盛满秽恶露泄等不净之物外，别无其他。女人也不过是如此。由此便可舍弃心中的非分之想。"

28　远离欲火

原典

佛言："人为道，去情欲，当如草见火，火来已却道。人见爱欲，必当远之。"

译文

佛说："修行佛法的人，应当去除情欲，就像草地上燃起大火，枯草已被火焚烧，挡住去路。修行的人见到爱欲，就像枯草遇火，应当尽快远离。"

29　心寂欲息

原典

佛言："人有患淫情不止，踞斧刃上以自除其阴。佛谓之曰：'若断阴，不如断心。心为功曹①，若止功曹，从者都息。邪心不止，断阴何益？斯须即死。'"佛言："世俗倒见，如斯痴人。"

注释

①**功曹**：汉代郡守下有功曹史，简称功曹，相当于郡守的总务长。除掌人心外，并得与闻一郡的政务。与县令不同。这里的"功曹"为主宰之意。

译文

佛说:"有个人被情欲所困,不能自止,于是便手持利斧,想断除自己的阴根。我就对他讲:'断除阴根不如断除淫心,心为主宰,如果将主宰控制平息住,其余的也就自然不在话下了。如果淫欲之心不止息,断除阴根又有什么益处?那人不听从我的教诲,一意孤行地断除阴根,然后很快就死去了。'"佛说:"世俗凡夫经常持有各种颠倒的见解,就像那个愚痴的人一样。"

30 心灭意灭

原典

有淫童女与彼男誓,至期不来,而自悔曰:"欲吾知尔本,意以思想生;吾不思想尔,即尔而不生。"佛行道闻之,谓沙门曰:"记之,此迦叶佛①偈,流在俗闲。"

注释

①迦叶佛:古七佛之一。

译文

有个淫荡的少女同她的男友约会,到相约的时候,他却没有如期赴约,少女自己后悔,而念一句偈曰:"我想知晓你的根本，意欲却是从思想意识中产生；我不再从意念中思念你，而你就因此等于不再生活在这个世界上。"佛陀在游行讲经的路途中听说此事，便对弟子们说："记住吧！这是流传到俗世间的迦叶佛所作的偈。"

31 不爱忧畏无

原典

佛言:"人从爱欲生忧,从忧生畏。无爱即无忧,不忧即无畏。"

译文

佛教导说:"人由于执着于爱欲,而产生烦恼和忧愁;从烦恼和忧愁而产生恐惧。没有爱欲就没有忧愁和烦恼,没有忧愁和烦恼也就没有恐惧。"

32　精进得道

原典

佛言:"人为道,譬如一人与万人战,被甲操兵,出门欲战。意怯胆弱,乃自退走;或半道还;或格斗而死;或得大胜,还国高迁。夫人能牢持其心,精锐进行,不惑于流俗狂愚之言者,欲灭恶尽,必得道矣。"

译文

佛说:"修行佛法的人,就好像在万名敌众中孤军作战,披铠甲、持兵器,准备上阵厮杀一场。有的人未出战即吓得魂飞魄散,狼狈逃窜;有的人在厮杀中途逃回本营;有的人搏斗死在疆场;更有的人大胜而归,封地赐爵。修行佛法的人如能坚定信念，勇猛向前毫不退却，在凡夫俗子、狂妄愚痴的强大敌众的流言蜚语中保持清醒的头脑，将爱欲等诸恶消灭殆尽，就必定能证得正果。"

33 学道调心

有沙门夜诵经甚悲，意有悔疑，欲生思归。佛呼沙门问之："汝处于家，将何修为？"对曰："恒弹琴。"佛言："弦缓何如？"曰："不鸣矣。""弦急何如？"曰："声绝矣。""急缓得中何如？""诸音普调①。"佛告沙门："学道犹然，执心调适，道可得矣。"

注释

① "调"，原本作"悲"，不可解。依南藏本校改。

译文

有个沙门深夜挑灯诵读佛经，其声非常悲切，心神俱累，于是就有些后悔，想半途而退。佛陀看到这种情形,便招呼这个沙门来到身边,问他道:"你当年在家的时候,经常做些什么呢?"沙门回答说:"我在家的时候喜欢弹琴。"佛陀就问他:"弹琴时弦要是太松会怎么样呢?"沙门回答说:"琴就弹不响了。"佛陀又问:"如果上得太紧了呢?"沙门答道:"那样的话,琴弦就会被绷断,更谈不上弹出优美的音乐了。""那么松紧适中又会怎么样呢?"沙门回答说:"就能弹出各种动听的曲调了。"佛陀于是就启发沙门说:"修习佛道与你弹琴的道理是一样的,只要将身心调适到恰当的节奏上,就一定能证得道果。"

34　垢除行净

原典

佛言:"夫人为道,犹所锻铁。渐深弃去垢①,成器必好。学道以渐深去心垢,精进就道。暴即身疲,身疲即意恼,意恼即行退,行退即修罪。"

注释

①垢:铁中残渣,废渣。

译文

佛教导说:"人修习佛法,就好比那铁匠锻铁,在高温中除去铁矿中的杂质,这样必能锻造出好的铁器。修行达到一定的火候,便能去除心中的杂质污垢,再加努力便能证得道果。但修行不可过度,过度便会导致身体疲倦;身体疲倦,便会产生烦恼;烦恼一旦产生,修行的意志便会减退;修行一旦减退,便会增加罪恶的意识和行为。"

35　人生皆苦

原典

佛言:"人为道亦苦;不为道亦苦。惟人自生至老,自老至病,自病至死,其苦无量;心恼积罪,生死不息,其苦难说。"

译文

佛说:"人修习佛法亦苦,不修习佛法也苦。但唯有后一种苦,使得人们从生到老、从老到病、从病到死充满苦痛,贯穿人生的始终,是一种难以度量的苦。不修佛法的人,由各种烦恼积成罪业,辗转于生死轮回之中,这种苦才是难以述说的啊!"

36 人有八难

原典

佛言:"夫人离三恶道①,得为人难;既得为人,去女即男难;既得为男,六情②完具难;六情已具,生中国③难;既处中国,值奉佛道难;既奉佛道,值有道之君难;(既值有道之君,)④生菩萨家难;既生菩萨家,以心信三尊、值佛世难。"

注释

①三恶道:六道轮回中之地狱、饿鬼、畜生三道。
②六情:即眼、耳、鼻、舌、身、意之六根。指六种感觉器官,或认识能力。

③**中国**：指佛法流行之中心地区。非指华夏之地。

④ "既值有道之君"，依意并据明本补。

译文

佛感叹道："人们脱离地狱、饿鬼、畜生三恶道的轮回而生为人身难；已经得了人身而转女身为男身难；既已得了男身而身体各个器官健全、没有疾病难；身体器官健全、没有疾病的侵扰，却又生在佛法流布的中心国度难；已经生在佛法流布的中心国度，能够供奉、修行佛法也难；既已供佛、修行佛法，而能碰上护佑佛法的昌明君主难；时值有道君主、昌明之世，生在信奉三宝、有德之家难；既已生在信奉三宝有德之家，诚信佛法僧三宝、有幸与佛同世更难。"

37　人命呼吸间

原典

佛问诸沙门："人命在几闲？"对曰："在数日闲。"佛言："子未能为道。"复问一沙门："人命在几闲？"对曰："在饭食闲。"佛言："子未能为道。"复问一沙门："人命在几闲？"对曰："呼吸之闲。"佛言："善哉，子可谓为道者矣。"

译文

佛问身边的诸位弟子："人的寿命有多长的时间？"一个弟子答道："有数日长。"佛说："你还没有进入法门。"又问另一位弟子："你说人的寿命有多长？"这位弟子回答说:"在一顿饭之间。""你还不算懂得佛法。"又问第三个弟子:"你说,人的寿命有多长时间?"这位弟子回答道:"只在人的一呼一吸之间。"佛称赞道:"说得好啊!你可以说是窥得了佛法的奥秘了。"

38 念戒得道

原典

佛言:"弟子去离吾数千里,意念吾戒,必得道;在吾左侧,意在邪,终不得道。其实在行。近而不行,何益万分耶?"

译文

佛教导说:"我的弟子即便远在我数千里之外,如果时时意念、遵守我的戒法,也必能证得正果。如果弟子们日夜厮守在我身边,而仍意念纷乱,最终也不会证道果。关键在于实践修行。即使随我左右,日夜听我说教,而不实践修之,较之那些离我千里之远,忆念我教法证果的弟子,又怎能比得上人家的万分之一?"

39　佛经如蜜

原典

佛言:"人为道,犹如食蜜,中边皆甜;吾经亦尔,其义皆快,行者得道矣。"

译文

佛说:"人们修习佛法,就好像在吃一钵蜂蜜,中间外边都是甜味;读诵我的经典也是如此,经义使人身心快乐。修行的人如果理解了我的经旨并认真予以遵循,便能迅速证得果位。"

40 恶尽得道

原典

佛言:"人为道能拔爱欲之根,譬如摘悬珠,一一摘之,会有尽时,恶尽得道也。"

译文

佛教导说:"修习佛法,能够拔掉人心中爱欲的根本,就好比摘高处悬挂的许多珠子:只要心无懈怠,一颗一颗地耐心采摘,终将会有摘完的时候。修行佛法的人只要坚持精进,断尽各种恶习,终将证得正果。"

41　直心念道

原典

佛言:"诸沙门行道,当如牛负行深泥中,疲极不敢左右顾,趣欲离泥,以自苏息。沙门视情欲甚于彼泥,直心念道,可免众苦。"

译文

佛教导说:"沙门们奋力修行的时候,正好像那负重的牛儿行进在深泥水中,尽管疲惫到了极点,仍然不敢左顾右视,只是想尽快向前,逃离深坑,以获得喘息的快乐。沙门应当把情欲之苦看得重于那泥坑,只是一往直前地修行佛法,以尽快逃离出那甚于泥坑的人生苦海。"

42 富贵如幻

原典

佛言:"吾视诸侯之位如过客,视金玉之宝如砾石,视毡素之好如弊帛。"

译文

佛向世人宣告:"我把世人眼中尊贵的王侯之位看作是尘土间隙,将人们视作财宝的金玉之类看作是破石碎瓦,将华美的服饰看作是破衣烂袄。"

四十二章经——源流

佛教之东渐,乃是经过中土及天竺、西域诸国僧人涉冒流沙、跋山涉水才将这一博大精深的教理逐渐介绍、移植、扎根过来的。自此以往,以西域为中介,黄河流域和恒河流域东方两大文明古国的文化传统开始了正面的交锋。那么,其结果将会如何?佛教置于新的文化背景会否患上水土不服症而消声遁迹——抑或,向来注重夷夏之辨的中国传统文化会否患上消化不良症而拒佛陀于千里之外?

所幸的是,两种情形都没有彻底发生;同时,两种情形都或多或少地发生了作用。从而也就产生了汉魏佛法初传之际中国佛教文化的独特情形。

《四十二章经》作为中国佛教史上的第一部汉译佛典,便集中体现了佛法初传之际中国佛教文化的独特面貌。

《四十二章经序》虽较经文为晚出,但很好地表现出当时中国各个阶层,包括本土佛教界的佛陀观。在《经序》中,佛教的传入本身就以传统的帝王感梦形式出现,且对佛陀的描述带有明显的两汉之际黄老道术和神仙家者流的痕迹。《经序》言:"佛轻举能飞,身体有金色,项有日光,飞在殿前。"同黄老、神仙家对神仙真人的描述极为类似。同时,在明帝和傅毅的问答中,直呼佛陀为"神",可见,在当时人们的心目中,佛教也是流行于世的各种道术之一种,而意识不到它是同传统文化全然不同的一种新的文化现象。

对于阿罗汉的描述也是如此:"阿罗汉者,能飞行变化,住寿命,动天地。"在印度佛教中,阿罗汉的本义为杀烦恼贼、受人天供养、脱生死轮回之意,而在《四十二章经》中也成了神仙的一种。

这种视佛法为道术之一的思想,在《四十二章经》中往往直言表现,通篇皆言学佛修行为"为道""行道""学道"。现今通行本依旧沿用旧语,但绝不会有人再做其初译时那样的理解了。

六道轮回、因果报应本为印度佛教的根本教义。因"诸法无我",故无报应之主体。而《四十二章经》对六道轮回仅第三十六章言"人离三恶道,得为人难"而外,

第十三章言"心垢尽,乃知魂灵所从来。生死所趣向,诸佛国土道德所在耳"。这里的"魂灵"实为中土"灵魂不死"的魂灵,故后言"生死所趣向"。第十七章虽言"无我",但细考其言,其言则在四大为空,人生短暂如幻。如是,印度佛教的因果报应之说在此成为本土的善恶鬼神报应。此种误解根深蒂固,至梁武帝时终于爆发了旷日持久的神灭、神不灭之争。实质上,当时的梁武帝及其门下均是为中国传统文化中的鬼神观念所辩,只是不自知打着佛法旗号而已。

《四十二章经》一个突出的思想和显著的特征就是去欲除奢、鼓励梵行。此中特别突出了爱欲之为愚痴之祸根。经首言小乘四果,次言沙门特征,只因当时汉人尚未有出家者,故未引起社会特别大的关注,却被时人看作是达清净无为的有效手段。至若去欲除奢,则须戒律、禅定两行。从《四十二章经》始,汉地始知沙门有二百五十戒,而优婆塞之五戒经中已明言。至东晋道安时,始知戒法不止二百五十条。《四十二章经》的译出,已经为后世戒律的翻译提供了前提条件。至于禅定,《四十二章经》尚无此词,但经文中多处的"行道""为道"似禅定之早译。作为佛法修行特征之一的"禅定"在早期予以介绍,恐怕才合乎情理。

仁慈乐施,在《四十二章经》中也是一个重要内容。

第二章言"去世资财，乞求取足"，第六章言"佛道守大仁慈，以恶来，以善往"，第八章言"为道务博爱，博哀施。德莫大施"。更有第九章专言行施福报。由此，即有楚王英设优婆塞、沙门之盛馔，汉末符融每逢浴佛，设酒饭布于路，经数十里，任人就食，足见其施饭规模之大。此为中国饭僧之制的最初流行，由此知在汉代布施功德首在施食。同时我们也注意到，这种施食同黄老、浮屠共祭一样，符融之布施乃用酒食，是同佛理相违的。

《四十二章经》另一格外引人注目之处是第九章，在比较各种布施福报之后，经言："饭辟支佛百亿，不如以三尊之教，度其一世二亲……凡人事天地鬼神，不如孝其二亲矣，二亲最神也。"不独诸《阿含》中无与此相应的文字及思想，而且印度佛教也很少有此类思想内容。更值得注意的是，至江北刻经处本，虽历经增改，后半段文字非但没有消失，反而独成一章（十二尊亲显孝章）。这说明佛经在翻译的初期，不仅受当时黄老、道家的影响，而且受到了传统儒学的影响，并且随历史的前行，这种影响愈益深刻——似乎在佛法初传之日，就已经暗示了中国佛教将走向同儒道合流的道路。

本经注疏甚早，当于唐代宗之前就有，早已亡佚。明显的例证在第五章"吾以四等慈护济之"一句。察《一切经音义》及诸释教辞典，均言慈、悲、喜、舍为

"四等",又称"四无量心",而无"四等慈"一条,宋真宗注本和各版本均依之。因宋真宗注本和怀素草书手写本经文相同,书于唐代宗年间,而"慈"字必为注疏掺入无疑,故言最早的注疏在唐代宗之前就曾有过,只是注疏年代和注疏者以及注疏所用版本均无从考证。

本经注疏者较多,现存的有:《四十二章经御注》一卷,宋真宗皇帝注;《四十二章经注》一卷,明守遂注、了童补注;《四十二章经解》一卷,明智旭著;《四十二章经指南》一卷,明道霈述;《四十二章经疏钞》五卷,清续法述。近人则有丁福保《四十二章经笺注》、宣化上人《四十二章经浅释》等。

此外,还有依汉文转译成别种(国)文字的《四十二章经》:清乾隆四十六年(公元一七八一年)敕依《明藏》本转译为满、蒙、藏文,连同汉文本合印,称"四体合璧本";日文译本有山上曹源译《四十二章经》(日本《国译大藏经》经部第十一)、高岛宽我译《现代意译四十二章经》(《现代意译佛教圣典丛书》第六)等;一八七一年有英人的译本;一八七八年法国校印了汉、蒙、藏文的《四十二章经》;一九〇六年日本人铃木大拙又出版英译本;一九四七年伦敦出版了《四十二章经》同其他两经的合译本。

四十二章经——解说

《四十二章经》作为中国历史上第一部汉译佛典，从其问世至今已有近两千年的岁月了，至今依然光彩夺目，而它本身也就成为中国佛教历史发展的见证。

　　本经的核心思想是去奢除欲，修行得道。修行并非摧残身体、希冀苦行方才得到。释迦牟尼佛正是在历经雪山六年苦行之后，方悟纯粹苦行不能求得根本解脱；况在本经中，佛陀以调琴为喻，指出诵经、修行均须松紧适中，身心调适即可得道。佛法本是向人间的，佛法也只有在人间方可寻到。从这个意义上讲，佛教所指出的解脱之道，是人类历史上最彻底的人道主义。

　　作为人道主义的佛法，必须面对整个人类，面对人类的现实和未来。在人类、地球面临各种危机的今天，我们愈发清醒地意识到：人类需要佛法，佛法能够拯救人类。

人欲横流,在今天这个世界已经成为一切祸害的根源:国家间为财富、土地而战,人们贪婪地聚敛财富,相互间为财富、遗产而明争暗斗,乃至相互残杀、谋杀;艾滋病已经威胁到我们人类自身的生存……凡此种种,都十分需要悲智双运的佛法加以救治。

佛祖所处时代,尚不具备将佛法推向世界的条件,这个条件在我们这个世纪具备了。只要我们始终不渝地以大乘精神为指针,用科学的佛法分析人和人类社会,以前辈弘法大师为榜样,未来的世界必定是佛法的世界。

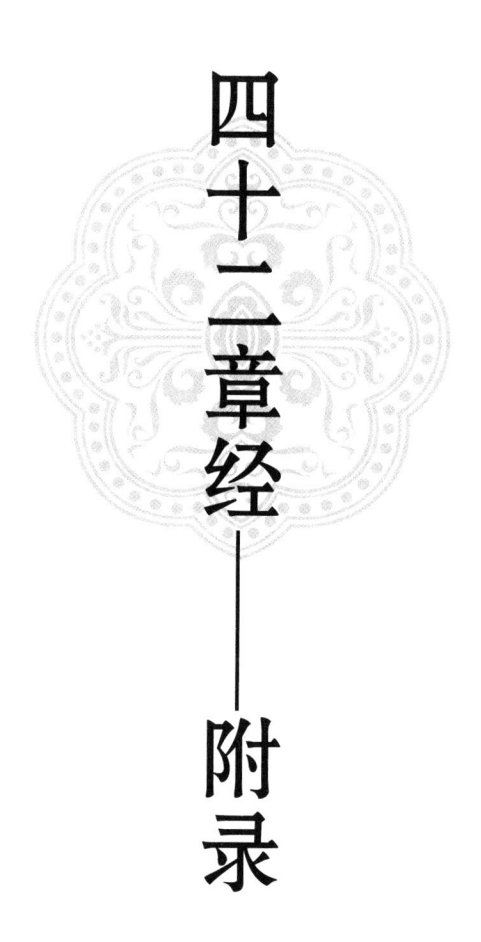

四十二章经——附录

四十二章经序

原典

昔汉孝明皇帝①,夜梦见神人;身体有金色,项有日光,飞在殿前。

意中欣然,甚悦之。明日问群臣:"此为何神也?"有通人②傅毅曰:"臣闻天竺③有得道者号曰'佛',轻举能飞,殆将其神也。"于是上悟。即遣使者张骞、羽林中郎将④秦景、博士弟子⑤王遵等十二人,至大月支国⑥写取佛经四十二章,在第十四石函中登起立塔寺。于是道法流布,处处修立佛寺。远人伏化,愿为臣妾者不可称数。国内清宁,含识⑦之类,蒙恩受赖,于今不绝也。

注释

①**汉孝明皇帝**：东汉明帝刘庄，公元五十八年至七十五年在位。

②**通人**：学识渊博、贯通古今之人。

③**天竺**：古印度国。

④**羽林中郎将**：汉代皇帝的护卫长官。

⑤**博士弟子**：汉代博士所教授的学生。

⑥**大月支国**：月支，又名月氏，为古族名，秦汉之际游牧于敦煌、祁连间，汉文帝前元三至四年间遭匈奴攻击，大部分人西迁塞种地区（今西疆西部伊犁河流域及其迤西一带），西迁的月氏人称"大月氏"。少数没有西迁的入祁连山与羌人杂居，称"小月氏"。

⑦**含识**：一切具有心灵活动的生物，即通常所说的"有情"。

译文

后汉永平年间，汉明帝在一夜晚梦见一个前所未见的神人。但见此神人周身金光闪耀，项颈间有光辉环绕，在宫殿前纵意翱翔。

明帝只觉心中适意，对此神人格外向往。次日清晨在殿堂上就迫不及待地向群臣讲述前夜奇妙的梦境,并诏问群臣:"谁能告诉我梦见的是何方神仙?"有位学识渊博、道贯古今的大臣,名叫傅毅,实时向前禀报道:"臣下听说天竺国有位修行得道的神仙,人们称他为'佛',他的道术很了不得,能轻而易举地飞空翱翔。陛下所梦见的恐怕就是这尊神吧!"

  皇上听了傅毅的话,顿时醒悟梦境的含义。随即派遣使者张骞、羽林中郎将秦景、博士弟子王遵为首的十二人组成的求法团,到当时佛法盛行的大月氏国抄写佛经四十二章,将之藏于皇家书室第十四间中,并在此地修塔建立寺庙。从此以后,佛法开始大为传布,华夏大地寺院林立。边远之地群氓慑于佛法,愿做佛弟子的人数也数不清。由此,国家清平宁泰,一切众生,至此蒙受佛法恩典,依赖佛陀庇护。此种情形,至今承续不绝。

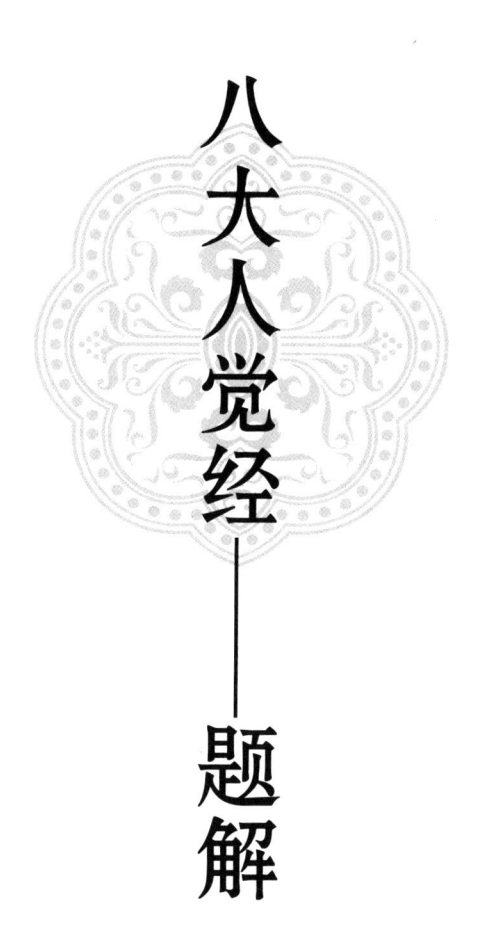

八大人觉经——题解

《八大人觉经》,通题后汉沙门安世高译。历代均入藏。版本较多,但除若干文字有微小差别外,差异并不大。本经文以日本《大正藏》本为底本,并参校江北刻经处版本。

安世高,本名安清,字世高。《高僧传》卷一有传。世高本为安息(今伊朗高原及两河流域一带)国王正后太子,幼年以孝闻名,聪颖好学。《高僧传》称其喜学外国典籍,并精通七曜五行,深明医术,功能特异,能听懂鸟兽之声。相传有一次和同伴同行,见群燕飞过,吱喳不停,便对同伴说:"燕儿们说送食的该来了。"过了一会,果然见有群燕叼食而来。因此,英名早已远播安息及邻近国家。

安世高本是在家修行者,但严守戒律。后父王故去,本应继承王位，但深感人生苦空，守丧期满，即让国位与叔，出家修持佛法。遂遍游各国，于东汉桓帝建和初年（公元一四七年）辗转来到中国洛阳，后游历江南的豫章、浔阳、会稽等地，在中国又留下一路的神奇传说。

安世高精研阿毗昙，修习禅定。到中国时，佛教传入中国已有相当时期，在社会各阶层均有信奉佛法者，自然也就有了进一步修习佛法的要求。而先前仅有的《四十二章经》无法满足修习者的具体需求。因此，安世高陆续译出许多佛经，在华活动约三十年。晚年踪迹不详。

安世高所译佛经，因当时没有记载，至晋代道安编纂《众经目录》，载世高所译经典共三十五部、四十一卷，另有失传的译本共十三部十三卷。而据隋代费长房《历代三宝纪》载其译经则多达一百七十六种之多，后唐智升撰《开元释教录》加以删除，尚剩九十五部。《八大人觉经》即依《开元释教录》定为安世高译，历代亦依此说入藏。

安世高的汉译佛典，基本上属于部派佛教的上座系统，重点传译了佛教的禅数学。关于禅学集中体现在《大安般守意经》中。三国吴康僧会在《安般守意经序》中将其主旨概括为"四禅六事"，即数息、相随、止、观、还、净。安般守意，实际上就是用数息的方法将浮躁不安的心境平定下来，至一定阶段则会产生各种神通。这本属小乘修习之法，但由于此法同当时黄老学派及神仙家之"食气""导养""守一"等法有相似之处，更因在其译文中有"安为清，般为净，守为无，意名为，是为清净无为也"等说法，使得其禅法与当时流行的黄老学、神仙术很接近。关于数法，安世高选译了《五法经》《七法经》《十二因缘经》《十四意经》《阿毗昙五法经》《阿毗昙九十八结经》等经论，并随译随注，使当时人们对于佛家数法有了较明晰的认识。

在译经风格方面，安世高的译法注重直译，不修饰、不铺张，有的地方过分拘泥于原本结构，多有颠倒重复之处，加之随译随注，经注连书，常常会出现许多令人费解之处。但安世高的译经毕竟给中国的佛经翻译开辟了一条道路。作为系统翻译佛经的第一人，自他而后，中国的佛经翻译始终沿着同时代语法、文体、词汇均不类的路子前行，丰富了中华民族的文化宝库。

安世高的另一贡献，就是为中国本土的佛教事业培养了首批人才。跟他学禅法的著名学人就有南阳韩林、颍川皮业、会稽陈慧等。后来东吴康僧会从陈慧处受学，帮其注解《安般守意经》并集《六度集经》；在《禅度》里，对其止观学说做了提纲式的叙述。在数法中，严佛调受其启发，就《沙弥十慧》引经解说，作成章句，并随康僧会辑《六度集经》，也对毗昙学做了可观的整理。

晋代的道安亦从安世高处受益甚多。在禅法方面，那时竺法护所译全本僧伽罗刹的《修行道地经》，大部《阿含经》也陆续译出，使得道安对安世高所译的禅法的理解更为深刻，也给予极大关注。道安对这些译本一一作了注解并加序文，现知的有《大道地经注》等七种。而在数法方面，道安借新译《毗昙》之助，更加认识了安世高在数法翻译上的业绩，注释了《阿毗昙九十八结经》，并认为此经乃毗昙要义所在。道安还模仿《十慧章句》等，从各经中抄集十法，加以解说，题名《十法句义经》。

由上可知，安世高的译经在当时社会上产生了深刻的影响，而在后世依然得到了较大的发展。

《八大人觉经》，历来均题安世高译。由于安世高所译经典侧重于禅法和数法，语言又极晦涩；而此经大小乘均摄，且语言简洁明快，故一般认为是后世伪托。但安世高来华之际，正是大乘佛教兴起的初期。安世高又游历诸国，说其精于毗昙，并不是说他对其他学说，包括大乘学说一无所知。作为部派佛教上座部传承的法师，他的思想也已不像传统的上座部那样保守（他自觉地迎合中土传统文化即说明了这一点），况此时大乘思想已逐渐东传（支娄迦谶弘扬大乘只是他故去后一二十年间的事情），为满足一部分士子和信徒的要求就大乘思想略加介绍也完全有可能。况且此经并未就大乘思想展开论述，其形式又同数法有暗合之处，语言风格也相距不大。故言此经乃为安世高所译，是中国佛教从小乘佛教转向大乘教法的先声，也未尝不可。

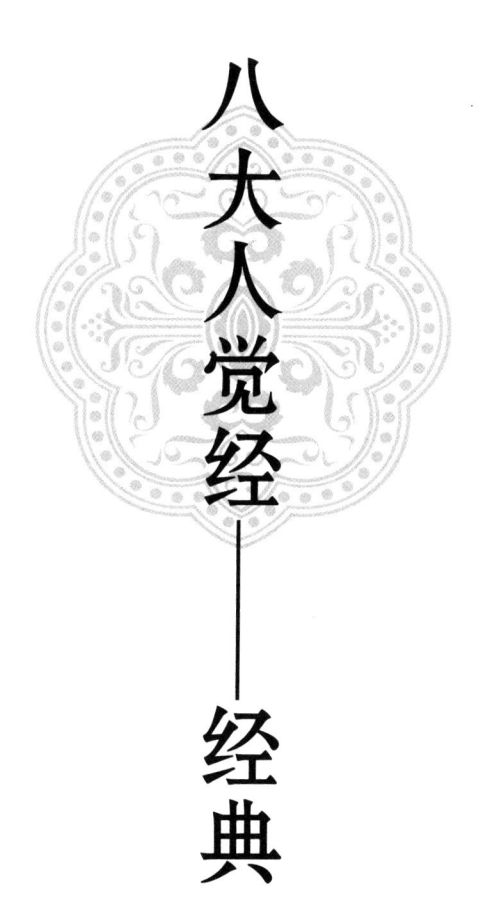

八大人觉经——经典

原典

为佛弟子,常于昼夜,至心诵念,八大人觉。

第一觉:悟世间无常,国土危脆;四大苦空,五阴无我,生灭变异,虚伪无主;心是恶源,形为罪薮。如是观察,渐离生死。

第二觉:知多欲为苦。生死疲劳,从贪欲起;少欲无为,身心自在。

第三觉:知心无厌足,唯得多求,增长罪恶。菩萨不尔,常念知足,安贫守道,唯慧是业。

第四觉:知懈怠坠落。常行精进,破烦恼恶,摧伏四魔[①],出阴界狱。

第五觉:悟愚痴生死。菩萨常念:广学多闻,增长智慧，成就辩才，教化一切，悉以大乐。

第六觉：知贫苦多怨，横结恶缘。菩萨布施，等念怨②亲，不念旧恶，不憎恶人。

第七觉：悟五欲③过患。虽为俗人，不染世乐；念三衣④瓶钵法器，志愿出家，守道清白，梵行⑤高远，慈悲一切。

第八觉：知生死炽然，苦恼无量。发大乘心，普济一切，愿代众生受无量苦，令诸众生毕竟大乐。

如此八事，乃是诸佛、菩萨、大人之所觉悟。精进行道，慈悲修慧，乘法身船，至涅槃岸；复还生死，度脱众生。以前八事，开导一切，令诸众生，觉生死苦，舍离五欲，修心圣道。

若佛弟子，诵此八事，于念念中，灭无量罪，进趣菩提，速登正觉，永断生死，常住快乐。

注释

①**四魔**：指烦恼魔、五蕴魔、死魔及他化自在天魔。

②"怨"，《大正藏》本原作"冤"。

③**五欲**：指染着色、声、香、味、触等五境所起之五种情欲。

④**三衣**：乃比丘随身之物。在比丘六物中特别重要

者有安陀会、郁多罗僧、僧伽梨等三种僧衣。

⑤**梵行**：即道俗二众所修之清净行为。以梵天断淫欲、离淫欲者，故称梵行。

译文

作为佛门弟子，应当精勤奋进，不分白天黑夜，怀着一颗至诚之心，诵念使人摆脱愚痴、走上觉悟之路的八种大智慧。

第一种智慧：觉悟到世间万物都不是永恒长存的，人们赖以生存的国土也是危在旦夕，地水火风所构成的物质，从真理的角度看，也不过是苦的根源，全为虚妄；色、受、想、行、识这五种遮盖人们智慧的阴霾，是没有一个真正恒常不变的"我"的存在；世间事物的生灭和变异并没有主宰，而是人们由于愚痴所引起的妄见。人们遭受污染的心是所有罪恶的根源，而以"四大"和合的人身，则是所有罪恶的承担者。只有做这样的观想，才能逐渐摆脱业报轮回，远离生死，永住常、乐、我、净的涅槃境界。

第二种智慧：要知晓欲望越大，苦恼也就越多。人的生死轮回、疲劳不堪，都是由贪欲而起；人如果能做到将欲望降到最低限度，与世无争，就能做到轻松自在，身心健康。

第三种智慧：要懂得心是永远没有满足的时候，只会一心追求得到的更多，导致罪恶不断地积累增长；菩萨绝对不是这样，他们经常感到满足，安于物质生活的贫穷，只是一心追求智慧的增长。

第四种智慧：要警惕懈怠放逸，会使人坠落地狱。应当时时刻刻勇猛精进，毫不松懈地破除各种烦恼恶贼，降伏烦恼、五蕴、死、他化自在天等四种魔的缠扰，拯救自己免受五蕴系缚之苦。

第五种智慧：要明白愚昧无知导致生死轮回。菩萨应时时刻刻提醒自己要多学知识，使自己的智慧不断增长，并成就无碍的辩才，用来教化世间所有的众生，使他们都能享受到佛法至高无上的快乐。

第六种智慧：要知道物质生活贫苦的人常自怨自艾，因此便会无端地和罪恶结缘；菩萨布施的时候，于有积怨和情同义笃的人是平等对待的，他们不会理会布施对象是和他有过怨隙的人，也不会对恶人产生反感。

第七种智慧：要当心过多地贪求感官的刺激的祸害。即使是在家俗人，也不要沾染世俗享乐的坏毛病。要常念并敬佩那些身披袈裟、手持瓦钵和法器志愿出家的人，他们纯洁无瑕地遵守戒律和佛法，道德高尚，境界深远，对世间一切均持有慈悲心。

第八种智慧：必须明白生死轮回就像猛火烧身，永无止境地遭受无边苦海。所以应该发大乘心，普济一切众生出离苦海，甘愿替众生受无止境的苦，使得众生享受真正究竟的无边快乐。

以上所说的八件事，是佛、菩萨已经明白的了，他们以勇猛精进、义无反顾之心修行佛法，怀着一颗大慈大悲的心而增长智慧，借助佛的无上功德和无边法力，到达那至高无上的涅槃境界；随后又回到这生死轮回、苦海无边的人世间，来教化、度脱众生同到光明彼岸。以上所说的八种智慧，可以开导所有种族、阶层的人们乃至含有灵性的生物，使得一切有情之物，知道生死轮回的痛苦，抛弃刺激人们感官的各种欲望，走上修行佛法、摆脱轮回的光明坦途。

作为佛门弟子，如果时时刻刻诵记这八种智慧并认真奉行，就会在实践中渐渐灭除无边罪业，进入觉悟的境界，迅速证得正果，永远断除生死轮回，常住那清净快乐的涅槃彼岸。

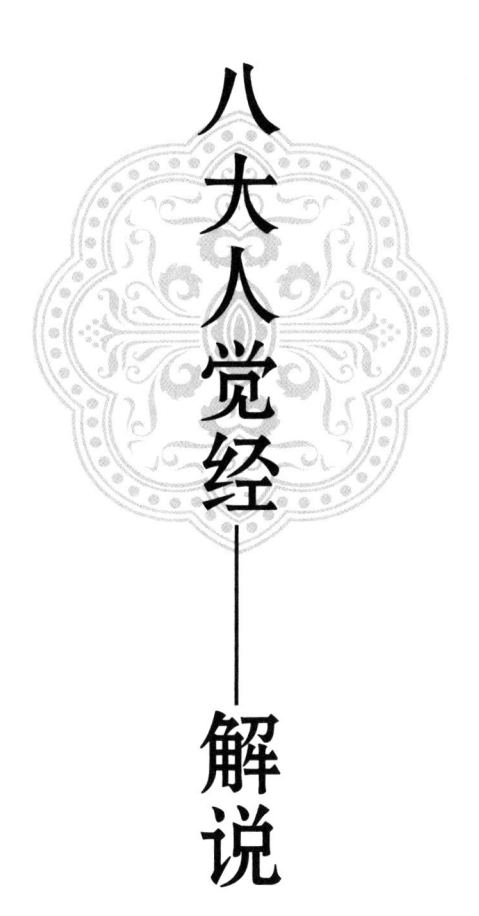

八大人觉经——解说

《八大人觉经》讲述佛门弟子所应具备的八种佛法智慧。

　　"觉"在梵语中称作菩提（Bodhi），有觉察和觉悟二义。觉察是指察知恶事，而觉悟则是指开悟佛法真理。修行佛法、拥有佛法智慧的人，都是应该具备经中所言"八大人觉"的人。

　　就修行过程和所达到的智慧境界来讲，觉察和觉悟应该是同时具备的；但从逻辑顺序来讲，觉察，即察知到世间无常、人生是苦，应是觉悟，即领会佛法真谛的前提，只有觉察到世间的虚幻苦空，才能走向光明的佛法真理之路。

　　譬如说，我们谈及佛法的"四谛"观，首先言及的是苦谛，令世人觉察到人世间受众苦威逼，随后引导众生观察苦之来源的集谛。苦谛、集谛即是觉察世间诸苦现象及其来源的认识过程，但仅有此过程无法构成完整的"觉"，达到开悟佛法真理的境界。例如，许多人从生活经历，甚至直接从佛经中知晓人生之苦恶，并进而也明白此苦之来源，但并不能灭除人生之苦，求得开悟解脱；不肯抛却世俗享受，甘受轮回、地狱之苦。

因此，尽管从逻辑上讲，觉察是觉悟的前提，觉悟是觉察的必然结果；但从佛法实践的角度讲，觉察和觉悟均是佛法智慧（觉）之不可割裂的整体。有了觉察，才可能真正地觉悟；有了觉悟，也就能更深刻地觉察。而整个过程也只能在修习佛法中不断深入。

如果说有些人，自称对佛法有着深入的研究，但却从不修行实践，那就只能说他们仅有虚假的觉察，更谈不上觉悟，指望他们救度众生，就好比一群落入大海之中的人，希望他们划着已经漏气的橡皮艇去救大家到彼岸一样，只能是欺己诳人，濒临灭顶之灾。唯有经过艰苦的精勤修习，才能掌握佛法真理，才能称作是达到佛法智慧——"觉"的人。

本经言简意赅，大小乘均摄，仅六百余言，便将佛法智慧做了简要而又广博的概括，实为佛典精品。

经中所言佛门弟子八大智慧分别为：一、世间无常觉，二、多欲为苦觉，三、心无厌足觉，四、懈怠坠落觉,五、愚痴生死觉,六、贫苦多怨觉,七、五欲过患觉,八、生死炽然、苦恼无量觉。从每一觉的阐述顺序看,均由"反"到"正",即先觉察世人的迷惑邪见、世间诸苦之所在;然后觉悟佛法之正行正见,对治诸迷惑邪见。从翻译风格来看,尚没有后世诸经经首之"如是我闻"和经末之"流通分",且四字成句,确系佛经早期译典,与安世高所译其他经典相类,当为后汉安公所译无疑。

通观全经,虽未有安公所译毗昙类诸经对"四禅""三十七道品"等修行方法的详细展开论述,然其修行次第、智慧阶梯均条理井然;从觉察的角度讲,先言悟世间无常,后知多欲为苦、心无厌足而至懈怠坠落。此前四觉乃觉世觉己,其所觉悟,亦是救己为要。及至第五觉起,觉察视野由己及人,乃至世间有情;其所觉悟之境界也由救己求得解脱,转而发大乘心,以拯救众生为己任。

须知此为佛法一大原则:唯有自己求得解脱,方才以大慈大悲之心救世人出诸苦海;如果自身尚未出离苦痛火坑,又岂能度脱他人?

今人多有谤小乘者,以之为非佛说法,动辄以智慧高深、境界悠远欺诳世人,乃至轻戒慢众。殊不知大小乘均为我佛世尊无诳之语、救世之法,只因因缘不同、众生根器有别而各为说法。我佛世尊尚能对众弟子因材施教、循循善诱,我等身处末法之时,况当今之世,随物质生活的发达,人们的欲望更加膨胀,作为佛门弟子,更有责任警醒世人,弘扬佛法真理,认真遵循佛法戒律,不可再做发大乘愿、为小乘行的无所作为之举。佛法的光辉在此人欲横流、道德沦丧的世界更加光彩夺目,这也是弘扬佛法、使之走向世界的最佳时机。佛门弟子更需精勤努力。

八大人觉经——参考书目

1.《出三藏记集》十五卷　梁·僧祐撰

2.《高僧传》十四卷　梁·慧皎撰

3.《中国佛教史》第一卷　任继愈主编　中国社会科学出版社　一九八一年版

4.《汉魏两晋南北朝佛教史》上册　汤用彤著　中华书局　一九八三年版

5.《安世高》吕澂著　载《中国佛教》第二辑　中国佛教协会编　知识出版社　一九九二年版

6.《佛典辑要》赖永海主编　山东人民出版社　一九九二年版

佛遗教经——题解

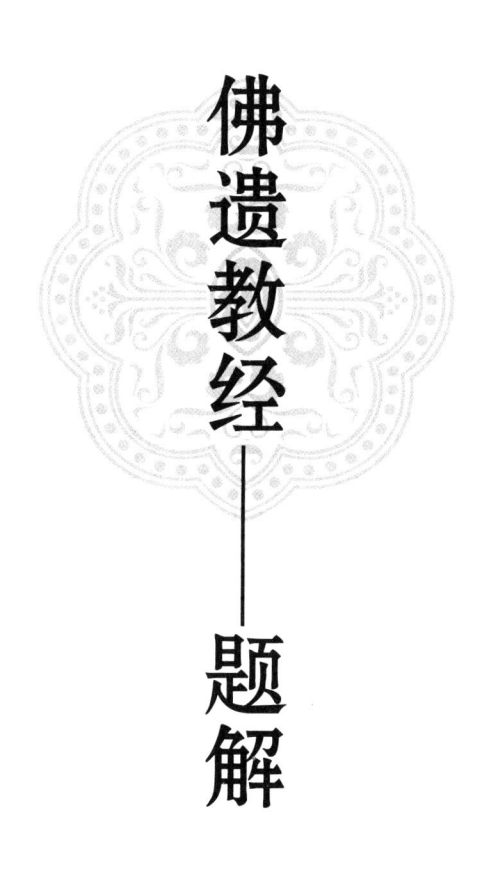

《佛遗教经》,《祐禄》言：或云《佛垂般泥洹说教诫经》，一卷，后秦鸠摩罗什译。诸藏均收，多题名为《佛垂般泥洹说教诫经》（亦名《佛遗教经》）。"垂"，临近；"般泥洹"，即涅槃、入灭、圆寂之意。经名意为：佛临涅槃为弟子最后说教诫，即简称之为《佛遗教经》。本经在中国佛教界流行颇广，归涅槃部。

　　鸠摩罗什，祖籍天竺，后赵建武九年（公元三四三年）生于龟兹（今新疆塔里木盆地北侧的库车县一带），卒于后秦弘始十五年（公元四一三年）（此据僧肇《鸠摩罗什法师诔（并序）》所纪），享年七十岁。

　　鸠摩罗什的家世为国相，祖父达多，名重于国。其父鸠摩罗炎，将继国相时，辞避出家，东度葱岭（今帕米尔高原、昆仑山、喀喇昆仑山西侧一带山岭的总称）。

佛遗教经——题解　　133

龟兹王迎为国师,并嫁其妹与鸠摩罗炎,遂生鸠摩罗什于龟兹。

鸠摩罗什幼年,其母出家为尼。什七岁,出家从师习经,日诵千偈,凡三万二千言。龟兹人因其母为王妹,对其母子供养丰厚。其母因此缘故携罗什远离本国,九岁随母到罽宾(今克什米尔一带),拜当时著名佛学大师、罽宾王之从弟槃头达多为师,受习杂藏、中、长阿含经,深受其师赞誉。其时罗什名声渐起,罽宾王遂请罗什入宫,与外道辩论获胜。罽宾王甚为器重,并给予优厚待遇。

十二岁时(东晋永和十一年,公元三三五年),母携罗什归龟兹,途经月氏(今巴基斯坦西北的白沙瓦一带)北山进入沙勒(又译"疏勒",今新疆西北的喀什一带)国,住此一年。在沙勒,先修学小乘,随罽宾僧佛陀耶舍学《阿毗昙八犍度论》和《十诵律》。罗什能独自领会《八犍度论》诸品,并能通晓论释此书的"六足论",引起一些沙门的重视。当时的沙勒沙门喜见谓沙勒国王曰"此沙门不可轻",并建议由罗什升座讲法,本意有二:一则以罗什年幼,勉励国内沙门勤修佛法,二则罗什为龟兹国王之甥,器重罗什必致两国友好。罽宾国王同意后,即请罗什升座为众讲《转法轮经》,龟兹国王果然遣使至沙勒国酬谢,双邦友好。

在沙勒，罗什还寻访、研习佛教以外诸书，如古印度的吠檀多、四韦陀等古籍，还研究古印度"五明"诸论，对于天文历算、占卜凶吉等无不精通，并练习梵文的文体修辞等。在沙勒国，罗什又拜莎车高僧须耶利苏摩为师，学习大乘佛教。师为其讲授《阿耨达经》，专讲般若空义。罗什原习阿毗昙，对般若空义初时甚为不解。经反复辩难，终于弃小乘而务大乘。后又从师研习大乘中观学派的基本著作《中论》《百论》《十二门论》等。

之后，罗什随母到龟兹西邻的温宿国，在那里与一外道辩论获胜，于是声名愈振。龟兹国王亲自至温宿将其与母迎归国内。回龟兹后经常讲经说法，宣讲般若空义。二十岁在王宫受具足戒，从罽宾沙门卑摩罗叉学《十诵律》。不久，罗什之母回天竺，临行嘱罗什去中国传法，罗什毅然应允，引为己任。

罗什后住王新寺，诵读在寺内觅得的《放光般若经》。又住雀梨大寺、广读大乘经论。龟兹王造金狮子座，用大秦锦褥铺，请他升座说法。一时名声高盖西域，每年升座说法时，各国王都在座侧长跪，让罗什法师踏其背而上座。这时法师在罽宾时的小乘师槃头达多也慕名而来，罗什法师特为他讲《德女问经》，论证"因缘空假"之义。经一个多月的反复辩难，槃头达多方才信服，言曰："和尚是我大乘师，我是和尚小乘师。"

苻秦建元十五年（公元三七九年），中土僧人僧纯、昙充等游学龟兹归秦，称述龟兹佛教之盛况，并言及龟兹王新寺青年法师鸠摩罗什才智过人，深明大乘义理。其时高僧道安在长安弘法，极力奖励译经事业。听闻法师高名，便极力劝苻坚迎罗什来华。建元二十年（公元三八四年），苻坚所派氐人吕光任都督西讨诸军事，战败龟兹国及诸国救兵，龟兹王帛纯出走，王侯降者三十余国，并立帛纯之弟帛震为龟兹王。此役中，吕光获鸠摩罗什，但并未将他送与苻秦，而是留在自己身边出谋划策。

吕光并不信奉佛教，也不鼓励罗什法师从事译经事业，反而见他尚年轻（时年四十一岁），强迫他娶龟兹王之女为妻。吕光此时想留在西域称王，罗师替他分析此时形势，认为西域乃凶险之地，不可久留，劝其东归。吕光听从建议，率军东返。

苻秦在淝水之战（公元三八三年十一月）以后已分崩离析，苻坚也于两年后被害。晋太元十年（公元三八五年）吕光在河西战败苻秦前凉州刺史梁熙后，进入姑臧（今甘肃武威），自领凉州刺史。第二年听说苻坚已被害，便自称督陇右河西诸军事、大将军、领护匈奴中郎将、凉州牧、酒泉公；后于公元三八九年改称三河王，于公元三九六年称大凉天王，史称后凉。

凉州在今甘肃河西地区，为中西交通之要道。自东汉以来，印度和西域的传教译经僧络绎不绝地经过此地。道安在襄阳所撰《综理众经目录》中便有《凉土异经录》，收集有凉州流行的失译佛经五十九部七十九卷。

但吕光及其后梁继承者并不信奉佛教，他们将鸠摩罗什只看作是能占卜吉凶、预言祸福的谋士。鸠摩罗什在后梁凡十六年，除对许多重大事件做出预测外，并未从事译经事业。但这段时间他学习了汉语并接触了汉文经史典籍，并有可能收受徒众讲经，著名佛教学者僧肇就是在这段时间来到他的座下。这为他以后大量译经准备了有利条件。

东晋太元九年（公元三八四年），原苻秦将领羌人姚莫在渭北建立了姚秦政权，于公元三八六年攻入长安，即皇帝位，建元建初，国号大秦。姚秦政权成立后，两次邀请鸠摩罗什赴长安，但后梁恐罗什足智多谋，放出于己不利，均未放行。姚秦弘始三年（公元四〇一年）五月，姚兴派陇西公姚硕德西伐后梁王吕隆，吕隆大败，九月上表归降。同年十二月二十日，鸠摩罗什被姚兴迎请到长安，时年已五十八岁。

姚兴即位后，对儒、释均予以扶持，而更特重于扶持三宝。罗什法师到长安后，待之以国礼，甚加优待。初将法师安置在逍遥园，请他译经讲法，有时还亲自前来听法师讲经说法，甚至参与译经。后又提供长安大寺作为另一译经场所。姚兴还接受罗什法师的指导，从事读经、修禅和著述，并将自己所著的《通三世论》送与法师，法师就此予以驳答，指出其错误所在。

姚秦时代，随佛法大弘，僧尼人数剧增，设立了管理全国僧尼的行政机构。姚兴下书，命鸠摩罗什的弟子僧契任僧正，僧迁任悦众，法钦、慧斌共掌僧录。弘始七年（公元四〇五年）又敕给亲信伏身、白从各三十人。这是中国佛教史上设立僧官管理制度的开端。在这个以译经、说法和传教为一体的庞大组织中，人才辈出，其中不乏栋梁之材。姚兴曾三次诏请道标、道俗还俗从政，均遭拒绝。后又求罗什法师及僧迁帮其劝说，亦遭拒绝。由此方见罗什法师传教功力之大和威望之高。

罗什法师从姚秦弘始三年（公元四〇一年）十二月到长安，至弘始十四年（公元四一三年）四月圆寂，前后近十二年时间，共译佛经三十五部二百九十四卷（此据《出三藏记集》卷二）。参与译经的弟子很多，著名的有僧叡、僧肇、道生、道融、昙影、僧契、道恒、道标等。依照《出三藏记集》，并参照《开元录》，对鸠摩罗什的译经做一介绍：

弘始四年（公元四〇二年）

《坐禅三昧经》（或题《菩萨禅法经》《禅经》《禅法要》）三卷，或云二卷。

《阿弥陀经》（亦题《无量寿经》）一卷。

《贤劫经》（亦名《贤劫定意经》《贤劫三昧经》）七卷。

《大智度论》（亦称《大智度经论》《摩诃般若释论》）一百卷。古印度龙树撰。

《思益梵天所问经》（即《思益义经》）四卷。

《弥勒成佛经》一卷。

弘始五年（公元四〇三年）

《摩诃般若波罗蜜经》（亦称《新大品经》《大品般若经》）四十卷（或三十卷、二十四卷）。此经鸠摩罗什手执胡本，口宣秦音。后秦王姚兴亲览旧经，验其得失，与著名学僧释慧恭、僧契、僧迁、宝度、慧精、法钦、道流、僧叡、道恢、道标、道恒、道悰等五百余人，详加审定，然后写出。

弘始六年（公元四〇四年）

《十诵律》六十一卷。前五十八卷是鸠摩罗什先后与罽宾僧弗若多罗、西域僧昙摩流支合译。最后的《毗尼诵》三卷是罽宾僧卑摩罗叉于鸠摩罗什逝后在寿春（今安徽寿县）译。

《百论》二卷。古印度提婆撰。

弘始七年（公元四〇五年）

《佛藏经》（一名《选择诸法经》）四卷。

《杂譬喻经》一卷。道契集编。

《菩萨藏经》（另名《富楼那问经》《大悲心经》）三卷。

《称扬诸佛功德经》（一名《集华经》）三卷。

弘始八年（公元四〇六年）

《妙法莲华经》（简称《法华经》，《祐录》称《新法华经》）八卷。今北二十八品中的《提婆达多品》，为南朝齐达摩菩提译，《普门品》中的"重诵偈"，是北周阇那崛多译，皆为后人所加。

《维摩诘所说经》（又名《不可思议解脱经》或简称《维摩诘经》）三卷。

《华手经》（又名《华首经》《摄诸善根经》）十三卷。

《梵网经》（亦称《梵网菩萨戒经》《菩萨戒本》）二卷。

弘始九年（公元四〇七年）

《自在王菩萨经》二卷。

弘始十年（公元四〇八年）

《小品般若波罗经》(《祐录》题《新小品经》) 十卷。

《十二门论》一卷。古印度龙树撰。

弘始十一年（公元四〇九年）

《中论》(亦称《中观论》) 四卷。古印度龙树撰，共二十四品。

弘始十三年（公元四一一年）

《成实论》二十卷。古印度诃梨跋摩撰。

此外，译时不详的还有：
《诸法无行经》二卷。
《首楞严三昧经》三卷（或二卷）。
《十住经》五卷。
《持世经》四卷。
《弥勒下生经》(另名《弥勒受决经》《弥勒下生成佛

经》）一卷。

《金刚般若经》（简称《金刚经》）一卷。

《遗教经》（亦名《佛垂般泥洹说教诫经》）一卷。

《禅法要解》二卷。

《十住毗婆沙论》（或称《十住论》）十四卷。

《大庄严经论》（或作《大庄严论经》）十五卷。

《十诵比丘戒本》一卷。

此外，《开元录》还将《马鸣菩萨传》《龙树菩萨传》《提婆菩萨传》认作鸠摩罗什译，后世《大藏经》因之。

罗什译经具有高度责任感，由于他对梵文有极深的造诣，再加上在凉州生活近二十年，对汉民族文化也有较深的理解，故而其译文既保留有梵文精华，又带有浓厚的中土文学色彩，兼以有众多的学识渊博、才华出众的弟子相助，所以译出的经典不仅契合义理，而且文采飞扬，对佛法的流传起了推动作用，读来使人不忍释卷。

由于罗什法师主要致力于译经事业，著述不多，且多半已佚。主要著述如下：

《实相论》二卷（已佚）。

《注维摩经》已佚，今本僧肇《维摩经注》中之"什曰"保存片断文字。

《注金刚经》（已佚）。

《答后秦主姚兴书》。

《答秦主书》。

《略解三十七品次第》（已佚）。

此外，还有法师同庐山慧远问答的《大乘大义章》（亦名《鸠摩罗什法师大义》），今本尚存。法师同王导之孙王谧（字雅远）的往复问答二十四项及问者不详的一项，今均已佚。

综上所述，鸠摩罗什在中国佛教史上占有重要地位，推动了整个中国佛教文化的历史发展进程，影响至为深远。主要表现在如下几个方面：

第一，自鸠摩罗什始，中国的佛教译经事业摆脱了私人译经的局面，成为国家有组织的文化事业。姚秦集当时著名学僧协助罗什法师译经，并提供译经场所，提高了译经质量，加速了佛法东传的进程，为日后中国成为世界佛教的中心打下了基础。

第二，鸠摩罗什所译的佛教典籍，对中国的佛教教理和学派、宗派的影响至深至远。后期中国的佛教学派和宗派所依据的重要典籍，大部分是由罗什法师译成汉文的，例如大小品《般若经》的重译和《大智度论》的翻译，助长了大乘般若学的传播，而这种学说是中国各个学派、宗派建立其思想体系的重要思想资料。从南北朝以来盛行的中国佛教学派中，《成实论》是成实宗的重要经典，《中论》《十二门论》和《百论》是三论宗的主要经典。隋唐，中国佛教兴盛时代的各大宗派中，《法华经》是天台宗的主要经典，《阿弥陀经》是净土宗所依据的三经之一。至于《金刚般若经》对禅宗和民间均有巨大影响。在民间信仰方面，《弥勒成佛经》和《弥勒下生经》是弥勒信仰的经典。而《十诵律》和《梵网经》则分别是中国第一部较为完备的大、小乘戒律。

第三，由于鸠摩罗什的影响，姚秦首先创立了僧尼管理机构，后经北魏至隋唐，终于形成中国中古社会较为完备的僧官制度。

第四，罗什法师弟子数千，后分布于大江南北，对南北朝中国佛教学派的形成有直接影响。如寿春的僧导著《成实义疏》、彭城的僧嵩均是成实学派的早期著名法师；道融著《大品义疏》、昙影著《中论注》、僧导著《三论义疏》、竺道生著《小品经义疏》和《二谛论》；更有僧肇著《物不迁论》《不真空论》和《般若无知论》等，对般若三论之学的兴盛，有较大的影响。竺道生接受并发挥《大般泥洹经》的思想，是涅槃学早期学者之一。

第五，鸠摩罗什的译经传教事业，促进了中印文化的交流，也对当时我国少数民族与汉民族文化交流起了促进作用。在佛教日益走向世界的今天，我们相信，罗什法师仍在为世界的和平和人类的文化交往做着自己的贡献。

《佛遗教经》一卷,译时不详,为佛在娑罗双树下最后说法,属涅槃部。

本经一般视作小乘教法,唯天台宗视为大乘,并谓之为涅槃部之结经(见《文句私记》)。对小乘的戒律、修行和智慧做了纲要式的总结。

佛遗教经——经典

原典

释迦牟尼佛初转法轮,度阿若憍陈如[①];最后说法度须跋陀罗[②]。所应度者,皆已度讫,于娑罗双树[③]闲将入涅槃。是时中夜,寂然无声,为诸弟子,略说法要:

注释

①**阿若憍陈如**:佛悟道后,初转法轮,所度五弟子中之上首,又译作阿若多憍陈那。

②**须跋陀罗**:佛的最后一名弟子。又译作苏跋陀罗,须跋陀。

③**娑罗双树**:佛入灭处之树林。娑罗,为树木之名,

双干枝并为一树，故称双树。又译作沙罗双树。

译文

释迦牟尼佛在菩提树下悟道，在波罗棕的鹿野苑（在今印度瓦腊纳西城西北）初转法轮，演说四谛、八正道等大法，又收阿若憍陈如等五人为弟子。最后又在拘尸那迦城外的娑罗树下为弟子最后一次说法，并收一百二十岁的婆罗门须跋陀罗为弟子。有缘度脱的弟子均已度脱。佛历八十年八月十五月圆之夜在娑罗树下将入涅槃。此时是夜深之时，月圆星疏，万籁俱静。佛陀为周围弟子简要地说明佛法大义：

原典

"汝等比丘，于我灭后，当尊重珍敬波罗提木叉[1]，如暗遇明，贫人得宝。当知此则是汝大师。若我住世，无异此也。

注释

①**波罗提木叉**：即戒律之音译，梵文作 Pratimocṣa。又译作婆罗提木叉喇底木叉。

译文

"诸位弟子,在我灭度之后应当尊重、珍惜、礼敬佛法大戒。修行戒法就会像是黑暗中遇到明灯,如同贫穷之人得到财宝。应当知道戒律才是你们最好的上师。即使我依旧留在此世也与此没有分别。

原典

"持净戒者,不得贩卖贸易,安置田宅,畜养人民、奴婢、畜生。一切种植及诸财宝皆当远离,如避火坑。不得斩伐草木,垦土掘地。合和汤药,占相吉凶,仰观星宿,推步盈虚,历数算计,皆所不应。节身时食,清净自活,不得参预世事、通致使命。咒术仙药,结好贵人,亲厚媒妁,皆不应作。当自端心正念求度,不得包藏瑕疵,显异惑众。于四供养①知量知足,趣得供事,不应畜积。

注释

①**四供养**:实为四事供养,即饮食、衣服、卧具、汤药。

译文

"持佛法清净大戒的人，不得从事商贾贸易，安置田地、屋宅，收养人民、奴婢、畜养牲畜。对于任何种植及诸财宝均应当远离，如同逃离火坑一般。不许砍伐山林、摧残草木，更不许开垦土地，以求生存。不得熬汤煎药，算卦占卜，抬眼仰望星宿，低头换算八字等，这种外道邪术皆足以妨害正当的因缘果报。所以持戒修行的人，要珍惜时光，日中一食，保持身心清净，独自生活；绝不允许参与世俗世务，求得一官半职。嘴念巫咒，口服仙药，结好奉承权贵，亲此疏彼，均属杜绝行为之列。应当自己端正心念，以求解脱，不许隐藏包庇自己的罪恶和错误，用微不足道的神通伎俩欺骗、迷惑俗众。对于衣食住行所需，只要求得能维持修行即可，不得贪心不足，求得多余，以供积蓄。

原典

"此则略说持戒之相。戒是正顺解脱之本，故名'波罗提木叉'。依因此戒得生诸禅定及灭苦智慧。是故比丘：当持净戒，勿令毁缺。若人能持净戒，是则能有善法；若无净戒，诸善功德皆不得生。是以当知，戒为第一安隐功德之住处。

"汝等比丘，已能住戒，当制五根，勿令放逸，入于五欲[1]。譬如牧牛之人执杖视之，不令纵逸，犯人苗稼。若纵五根，非唯五欲将无崖畔，不可制也。亦如恶马不以辔制，将当牵人坠于坑埳。如被劫[2]害，苦止一世。五根祸贼殃及累世，为害甚重，不可不慎！是故智者制而不随，持之如贼，不令纵逸。假令纵之，皆亦不久见其磨灭。

注释

①**制五根，勿令放逸，入于五欲**："五根"为眼、耳、鼻、舌、身五种感官。同外界相接触，如不修行控制，便会产生对色、声、香、味、触等五欲的追求与执着。

②**劫**：佛教时间术语，因不能以日常时间概念推算其久远，故又称作"大时"。

译文

"以上简要地说明了持戒的基本内容。戒是求得解脱的平坦、顺利的根本大道，所以叫作'波罗提木叉'。依戒修行就能修得禅定诸阶段，由此可以逐步灭除人生之苦，产生佛法智慧。所以诸位弟子们：应当修习、传承我的清净戒法，千万不要使它毁坏、缺漏。如果有人能够修习我所传授的清净戒律，他就能拥有世上的善德善行；如果不修习清净大戒，所有的善德善行就不会产生。所以请弟子们牢记：戒律是第一清静安隐功德的所在。

"诸位弟子们，如果你们已能修习清净戒法，首先应当降伏你们的眼、耳、鼻、舌、身等感觉器官，千万不要放纵它们，使它们同外界勾染，产生对色、声、香、味、触等五欲的执着与追求。就好像那放牛的牧童，手中紧握牧鞭，时刻警惕地盯着牛儿，不使它任意放纵，闯入人家田地，毁坏他人庄稼。如果人一味地放纵自己的感官，非但会激起人对感官刺激的执着与追求，难以控制，无法自拔，而且还会像那草原上的未加驯服的野马，如果不给它加上马鞍辔头，就会疯狂地带着人狂奔，最终不免沉于沼泽或陷入猎人们布下的陷坑。这样的话，人就将遭遇一大劫的生死轮回之苦。而如果一心修行戒法的话，往劫积累的罪恶所遭之苦就将在此世中止。感官这样的祸贼所造成的罪业，将殃及累世，使人坠入生死轮回之苦，其危害的程度超出人们的想象，人们千万不要对此掉以轻心啊！所以拥有智慧的人千方百计对它予以制服，对它绝不姑息迁就、放任自流，防制五根就像防制杀人越货的贼首，不许它放纵。假如放纵了它，也应在很短的时间内设法将它消灭殆尽。

原典

"此五根者，心为其主①，是故汝等当好制心。心之可畏，甚于毒蛇、恶兽、怨贼、大火，越逸未足喻也。如一人执蜜②，动转轻躁，但观于蜜，不见深坑。譬如狂象无钩，猿猴得树，腾跃踔踯，难可禁制。当急挫之，无令放逸。纵此心者，丧人善事。制之一处，无事不办。是故比丘，当勤精进，折伏其心③。

注释

①**此五根者，心为其主**：五根不净，沾染外尘，根本原因在于清净心受污染，心受外界污染，则感官必贪着于外境，所以说五根以心为主。

②"如一人执蜜"，依明本加补。

③"其心"，诸本作"汝心"。依明本和江北刻经处本改。

译文

"眼、耳、鼻、舌、身这五种感官，其真正的主使者却是'心'。所以众位弟子，更应该好好地制伏你们的心。心是令人生畏的东西，其可畏的程度远远超过可怕的毒蛇、凶猛的野兽、恶毒的强盗、森林失控的大火等，所有这些，都不足以比喻心的可怖。放纵此心，又好比一个人手捧蜂蜜，被蜜所散发的甜香馋得口水直流、手舞足蹈、身心不宁，心里只想着手中的蜜，却顾不上脚前深陷的坑；又好比那发狂的野象没上铜钩镣铐，猿猴奔到了树上，抓耳挠腮，窜腾跳跃，根本无法予以管制。应当尽快收住杂乱受污的心，不要让它放荡纵逸。纵容此心的人，只会扰乱别人行好事。只要将这颗杂乱的心降伏，那么其他的感官的收降就迎刃而解。所以诸位弟子，应该勇猛精进，勤于修行，使这颗心彻底得到清净。

原典

"汝等比丘：受诸饮食，当如服药。于好于恶，勿生增减，趣得支身，以除饥渴。如蜂采花，但取其味，不损色香。比丘亦尔，受人供养，取自除恼，无得多求，坏其善心。譬如智者筹量牛力所堪多少，不令过分，以竭其力。

"汝等比丘：昼则勤心修习善法，无令失时，初夜、后夜亦勿有废，中夜诵经以自消息，无以睡眠令一生空过,无所得也。当念无常之火烧诸世间,早求自度,勿睡眠也!诸烦恼贼常伺杀人甚于怨家,安可睡眠不自惊寤!烦恼毒蛇睡在汝心。譬如黑蚖在汝室睡。当以持戒之钩,早摒除之。睡蛇既出,乃可安眠,不出而眠,是无惭人也。

"惭耻之服,于诸庄严最为第一。惭如铁钩,能制人非法。是故比丘:常当惭耻,勿得暂替。若离惭耻,则失诸功德。有愧之人,则有善法;若无愧者,与诸禽兽无相异也!

"汝等比丘:若有人来节节支解,当自摄心无令嗔恨;亦当护口,勿出恶言。若纵恚心则自妨道,失功德利,忍之为德,持戒、苦行所不能及。能行忍者,乃可名为有力大人;若其不能欢喜忍受恶骂之毒,如饮甘露者,不名入道智慧人也。

"所以者何?嗔恚之害能破诸善法,坏好名闻,今世后世,人不喜见。当知嗔心甚于猛火,常当防护,无令得入。劫功德贼,无过嗔恚。白衣受欲,非行道人,无法自制,嗔犹可恕;出家行道,无欲之人而怀嗔恚,甚不可也。譬如清冷云中霹雳起火,非所应也。

"汝等比丘:当自摩顶①,已舍饰好,着坏色衣,执持应器②,以乞自活,自见如是。若起憍慢,当疾灭之。增长憍慢,尚非世俗白衣③所宜,何况出家入道之人?为解脱故，自降其心而行乞也。

注释

①**当自摩顶**：本指佛为嘱累大法，或为弟子授记，而为弟子摸顶。当自摩顶，指时时自己摸头顶，牢记已受之戒和佛法教诲。

②**应器**：乃僧尼所常持道具，一般作为食器。

③**白衣**：即指在家人。印度人一般皆以鲜白之衣为贵，故僧侣以外者皆着白衣，佛典中多以白衣为在家人之代用语。

译文

"诸位弟子们：接受他人供养的饮食，应当像生病服药一样。不论食物是好是坏，不要挑拣，对好的不要贪多，对不好的不要心生厌恶，对于食物只求维持此身，能够消除饥渴就行。就像那蜂儿在花间采蜜，只要闻到花儿的味道就行，于花的色彩和清香全然无损。出家修行的比丘也是这样，对于世人供养的食物，取来是为了消除自身的烦恼，而不是增加自己的贪欲，所以千万不要贪求过多，以免败坏了自己和施主供养三宝的善心。又好比是有智的人事先算计好耕田的牛儿能有多大的力量，绝不超出牛力所能堪负，以免于牛儿精疲力竭而身死。

"诸位弟子们：白天应该精进努力，修习无上善法，不要错过修行的大好时机，前半夜和黎明之时也不要松懈荒废，深夜应当诵习我的教诲，自己静思世界的兴衰更替、人世的业报无常，不要因为贪着睡眠，而使一生白白度过，以致枉在人世白走一遭，终生毫无所得。应当时刻牢记：无常之火在人间永远燃烧，因此应该早日清醒，以求尽快摆脱轮回之苦，自我解脱，不要贪着睡眠啊！一切烦恼大贼时时刻刻都在瞅机会置人于死地，其心情之迫切远胜过冤家世仇，怎么能够不保持清醒的心智而居然去贪着睡眠！像毒蛇一般恶毒的烦恼就睡在你的心中。就好像是大黑毒蛇睡在你的房间，立刻用你持戒的铁钩，把它挑出门外。只有毒蛇出了房门，你才可安然睡去，烦恼未除而安然睡觉的人，是没有羞惭心的。

"惭愧、羞耻的心，在佛法诸庄严之中是最为第一的。惭耻犹如铁钩，能制止人去做非法的行为。所以，众位弟子们：应当常常怀着一颗惭耻之心，时时刻刻不要松懈。如果抛却了惭耻之心，那么所有的功德将丧失殆尽、荡然无存。有惭愧之心的人，就会拥有好的德行；如果没有羞愧之心，那就同禽兽没有什么两样了！

"众位弟子：如果有人对你们施行骨肉分离、肢解肉体，你们应当收敛心意，不要对他们产生愤恨之心；也应该谨慎口舌，千万不要口吐恶言。如果纵容愤恨的心，那就会妨碍修行，将会把修行积累来的功德全部丢失。'忍'作为德行来讲，是持戒律、修苦行的功德所不能及的。能行忍的人，才可以称作'有力大人'；如果此人不能怀着欢喜之心去忍受俗人的恶毒谩骂，听了之后如同饮甘露一般没有区别，那他就称不上是进入佛法、修得智慧的人。

"为什么这么说呢？因为嗔恨、愤怒为害甚大，能破坏一切好的行为，破坏原本的好名誉，无论今世还是后世，都是人们所不愿看到的。应该懂得嗔恨之心来势凶猛，胜过于烈火，应当时时刻刻小心提防护卫，不要让它在心中蔓延。灭却功德的强盗，没有超过嗔恨和愤怒的了。世俗之人遭受各种欲望的诱惑，因没有接受佛法的教诲和戒律的约束，没有办法自我控制，嗔恨还勉强可以宽恕；而出家修习佛法、舍弃各种欲望的人如果还怀有嗔恨、愤怒之心，是绝对要不得的。就好比是在清冷的云雾之中噼噼啪啪地燃起大火，是不应该出现的情形。

"众位弟子：应当经常自己摸顶，提醒自己，既然已经舍弃了世俗的服饰和嗜好，身披粗布袈裟，手执钵盂，以乞食度日，到这地步，还有什么骄慢心呢？如果起了骄慢之心，就应该迅速予以剿灭。骄慢之心增长，连世俗之人都认作是不合适的事情，更何况是出家修行佛法的人？因此，为了求得解脱，出家修行佛法的人就应该降伏自己骄慢之心，而行托钵乞食。

原典

"汝等比丘：谄曲之心与道相违，是故宜应质直其心。当知谄曲但为欺诳，入道之人则无是处。是故汝等，宜应端心，以质直为本。

"汝等比丘：当知多欲之人，多求利故，苦恼亦多；少欲之人，无求无欲则无此患。直尔少欲，尚应修习，何况少欲能生诸功德。少欲之人，则无谄曲以求人意，亦复不为诸根所牵。行少欲者，心则坦然，无所忧畏，触事有余常无不足。有少欲者则有涅槃。是名少欲。

"汝等比丘：若欲脱诸苦恼，当观知足。知足之法即是富乐安隐之处。知足之人虽卧地上，犹为安乐；不知足者，虽处天堂，亦不称意。不知足者虽富而贫，知足之人虽贫而富。不知足者常为五欲所牵，为知足者之所怜悯。是名知足。

"汝等比丘：欲求寂静无为安乐，当离愦闹，独处闲居。静处之人，帝释诸天所共敬重。是故当舍己众、他众。空闲独处，思灭苦本。若乐众者，则受众恼。譬如大树，众鸟集之，则有枯折之患。世间缚着，没于众苦。譬如老象溺泥，不能自出。是名远离。

译文

"诸位弟子：奉承谄媚之心与佛法相违，所以应当使你们的心质朴率直。应当知道奉承谄媚就是欺骗说谎，修习佛法的人如果依旧怀有此心，他就一无是处。因此，众位弟子，应当端正你们的心，以质朴率直作为根本。

"诸位弟子：应当明白，欲望越多的人，因为多求利益的缘故，烦恼也就越多；欲望少的人，没有所求，不追逐名利，受烦恼的折磨也就少。你们跟随我多年，都是欲望极少的人，尚还需要继续努力修行，何况少欲还能长养出各种功德。欲望少的人就没有奉承、谄媚，看人的眼色行事，也就不会被各种感官牵着鼻子走。修行使欲望达到极少的人，就会心地光明坦荡，没有什么事情使他忧虑或恐惧，处理事情游刃有余而不会有手足无措的感觉。欲望少的人终究会达涅槃的境界。这就是我教诲你们少欲的意义所在。

"诸位弟子：你们如果想要摆脱各种烦恼的纠缠，应当努力修习'知足'。知足的法门就是安居富足、安乐的所在地。知足的人，尽管睡卧地上，心中仍会感到安稳快乐；不知足的人，就是处在天堂里面，也不会感到称心如意。不知足的人就是物质富足也会精神贫乏，所以还是贫穷；而知足的人，尽管物质生活贫穷，也会感到精神富足。不知足的人，时时都被外界各种欲望牵着鼻子走，也为知足的人所怜悯。这就叫作知足。

"诸位弟子：要想求得心灵寂静，远离世间有为法，安住快乐之地，应当远离世俗愦闹之地，独自居住闲静之处修行。独自处在清静之地的人，就是帝释、三界诸天也是共同尊敬、珍重的。所以诸位弟子，应当抛弃世俗旧友和他人的朋友，在清静空闲之处独自修行、一心思虑灭除苦的根源。假使喜欢处于热闹地方的人，便不能专心思惟，必定还要受众多苦恼。就像参天大树，众鸟齐集树上搭窝筑巢，大树就有枯萎折断的危险。被世间凡俗琐事系缚的人，就会被淹没于世俗凡俗琐事烦恼的苦海之中。这些人又像衰老笨重的大象，陷入泥淖之中，根本无法自拔而出。这就是远离世间愦闹的意义所在。

原典

"汝等比丘：若勤精进，则事无难者。是故汝等，当勤精进。譬如小水常流则能穿石。若行者之心数数懈废，譬如钻火，未热而息，虽欲得火，火难可得。是名精进。

"汝等比丘：求善知识、求善护助，无如不忘念。若有不忘念者，诸烦恼贼则不能入。是故汝等，常当摄念在心，若失念者，则失诸功德；若念力坚强，虽入五欲贼中不为所害。譬如着铠入阵，则无所畏。是名不忘念。

"汝等比丘：若摄心者，心则在定。心在定故，能知世间生灭法相。是故汝等，常当精勤修习诸定。若得定者，心则不散。譬如惜水之家，善治堤塘。行者亦尔，为智慧水故善修禅定，令不漏失。是名为定。

"汝等比丘：若有智慧则无贪着。常自省察不令有失，是则于我法中能得解脱；若不尔者，即非道人，又非白衣，无所名也。实智慧者，则是度老病死海坚牢船也，亦是无明黑暗大明灯也，一切病者之良药也，伐烦恼树之利斧也。是故汝等，当以闻思修慧而自增益。若人有智慧之照，虽是肉眼而是明见人也。是为智慧。

"汝等比丘：若种种戏论，其心则乱。当急舍离乱心戏论。若汝欲得寂灭乐者，唯当善灭戏论之患。是名不戏论。

"汝等比丘：于诸功德，常当一心舍诸放逸，如离怨贼。大悲世尊所说利益皆以究竟，汝等但当勤而行之：若于山间、若空泽中、若在树下、闲处静室，念所受法勿令忘失，常当自勉精进修之，无为空死后致有悔。我如良医知病说药，服与不服非医咎也；又如善导，导人善道，闻之不行非导过也。汝等若于苦等四谛有所疑者，可疾问之，无得怀疑不求决也。"

尔时，世尊如是三唱，人无问者。所以者何？众无疑故。

尔时，阿㝹楼驮①观察众心，而白佛言："世尊，月可令热，日可令冷，佛说四谛不可令异，佛说苦谛实苦，不可令乐；集真是因，更无异因；苦若灭者即是因灭，因灭故果灭。灭苦之道实是真道，更无余道。

"世尊，是诸比丘于四谛中决定无疑。于此众中，若所作未办者，见佛灭度，当有悲感。若有初入法者，闻佛所说，即皆得度。譬如夜见电光，即得见道。若所作已办，已度苦海者，但作是念：世尊灭度一何疾哉！"

注释

①阿㝹楼驮：佛陀十大弟子之一，诸弟子中天眼第一，为佛之堂弟。又译作"阿那律"。

译文

"诸位弟子：如果勤奋不倦、勇猛精进、永不退转地修习佛法，就没有办不到的事情。因此，诸位弟子，应当勤奋不倦、勇猛精进，不思退却。就像那涓涓细流，万古长流，终能凿穿那坚硬无比的石头。如果修行佛法的人，心中常常放松懈怠，行为屡屡放纵荒废，就像钻木为火，木尚未热就懈怠停止摩擦，主观上虽然想求火种，但这火实在是难以得到。这就是我所说的'精进'。

"诸位弟子：你们要想求得修行上的善知识，求到世间的坚强护法人，倒不如不忘心中的信念。如果人们都不忘信念，各种烦恼大贼就无隙可乘。所以，诸位弟子，你们应当时刻将信念铭记在心，如果失去信念，那么修行所得的功德也会失去；如果人的信念坚定，即使身边有各种感官刺激诱惑，也不会被它们所害。就好像战士披着坚硬的铠甲冲入敌阵，凭着坚硬的铠甲，那么就无所畏惧了。这叫作不忘念。

"诸位弟子：假若能收摄心修习禅定，由定发慧，就能得无上解脱，成就稀有大事。心生禅定的缘故，就能知晓世间万事万物生起与灭尽的实相。所以你们应当勤奋修习诸禅定。假若得到禅定，心就不会散乱。就好像惜水的人家，必先修治堤塘，才能保持水不外溢。修行的人也是一样，为防智慧的水外溢，必须摄心修习禅定，令它们不致缺失。这叫作'定'。

"诸位弟子：假若有智慧，没有贪欲执着，则能远离一切障碍；应恒自省察，不令行为有所过失，过失少就能在佛法中得到解脱；如果不这样做的话，就既不是修习佛法的人，也不是世俗之人，简直不知道该怎么称呼他才好。真正有智慧的人，智慧就是他们摆脱生老病死的苦海，顺利渡到彼岸的坚实而又牢固的大船，又是照亮无明黑暗的人间明灯，是一切病者的良药，伐倒烦恼大树锋利无比的巨斧。所以你们，应当以闻、思、修智慧而充实自身。人如果有了智慧明灯的照耀，即便是凡胎肉眼，也是明见之人，能看到世俗之人所见不到的东西。这就是我所说的智慧。

"诸位弟子：如果你们听从了世上种种远离真理、蛊惑人心的理论，你们的心定会产生茫然纷乱，对佛法产生怀疑。你们必须毫不迟疑地舍弃这些扰乱人心的种种谬论。你们如果想要得到寂灭、永住涅槃之乐，只有善于灭除种种荒谬理论的危害。这就叫作'不戏论'。

"诸位弟子：为了求得无上功德，应该倾注全心舍弃放逸，就好比躲开冤家强盗一般。世尊以一颗大悲之心对你们所说的种种利益，都是从最究竟、根本的角度讲的，你们只需精勤实践：不管是在山间、在空旷的水泽边，或在树下、在清闲宁静的修行茅舍，都应该忆念所受教诲，切不可遗忘丢失，应当时时自我勉励，精勤不懈地修行实践，免得一生碌碌无为、一无所得，满怀后悔地离开此世。我就像是人世的良医，就世人之病对症下药，至于病人是否服药那就不属于医生的过错了；又好比是一个最好的向导，给人们指出一条最好的人生道路，听闻指引之后仍不走这条路，绝不是向导的过失。你们如果对苦、集、灭、道这四种真理还有什么疑问，可以快快前来询问，不得心存怀疑而不求决断。"

接着，世尊对众弟子询问三遍，没有弟子前来问疑。什么原因呢？众位弟子对佛所说坚定无疑了。

这时，佛的十大弟子之一，天眼第一的阿㝹楼驮仔细观察周围弟子的心，确信大家心中于佛说无疑，就礼拜世尊，而后对佛说："世尊，冰凉的月亮可以使它热起来，灼热的太阳能够让它冷下来，而佛所说的四种真理丝毫不能加以变更。佛说关于苦的真理，是过去生造作诸惑业所积集形成的，谁也不能使它变乐；佛说关于集的真理，集确实是苦的原因所在，绝对没有其他致苦的原因；佛说关于苦灭的原因，苦如果灭除了就是苦的原因灭除了，原因灭结果必然会灭。佛说关于道的真理，修行灭苦之道才是真正的道，除了修行佛法外，更没有其他灭苦之道。

"世尊，周围这些弟子对于四种真理都已理解掌握，不再有什么疑问了。在这些弟子当中，假如还有身口意三业尚未清净的人，见佛今日灭度，当然心怀悲感；如果有人初入佛门,听佛一席教诲,全都当下得以解脱,就好比深夜漆黑之时,雷电光耀闪烁,当下照亮前行之路。如果有人烦恼已尽,已经渡过人生苦海,证得道果,他们只会这样思念:'世尊为什么灭度得那么快啊!'"

原典

阿㝹楼驮虽说是语,众中皆悉了达四圣谛义。世尊欲令此诸大众皆得坚固,以大悲心,复为众说:

"汝等比丘:勿怀悲恼。若我住世一劫,会亦当灭。会而不离,终不可得。自利利人,法皆具足。若我久住,更无所益。应可度者:若天上人间,皆悉已度;其未度者,皆亦已作得度因缘。自今已后,我诸弟子展转行之,则是如来法身常在而不灭也。是故当知:世皆无常,会必有离,勿怀忧恼。世相如是,当勤精进,早求解脱。以智慧明,灭诸痴暗。世实危脆,无牢强者。我今得灭,如除恶病。此是应舍罪恶之物,假名为身,没在生老病死大海,何有智者,得除灭之,如杀怨贼,而不欢喜?

"汝等比丘:常当一心勤求出道,一切世间动、不动法①,皆是败坏不安之相。汝等且止。勿得复语。时将欲过,我欲灭度。是我最后之所教诲。"

注释

①**动、不动法**：欲界之法，无常迅速，所以称"动法"；色界、无色界之法长久，故名"不动法"。

译文

阿㝹楼驮虽然说了上面的话，表明周围弟子全部理解了四种至高无上的真理，但世尊为了使这些弟子信念更加坚定、理解更加透彻，以大悲心，再次为身边弟子最后说法：

"诸位弟子：心中不要悲伤忧恼。即使我在此住世一劫的时光，仍然还会灭度。期望我们相逢永不分离，毕竟是不可能的事情。我在此间已获得了圆满功德，自利又利他人，佛法已全部具足了。若再让我长久地住在世间，也没有更大的益处。可以度脱到彼岸的人，无论天上还是人间，都已经予以度脱；那些没有被度脱的人，也已经具备了度脱到彼岸的所有因缘。从今天起，我的弟子们应该辗转到世界各地，宣讲我的教法真理，那么这就是佛法身的显现永不灭也。你们应当懂得：世间一切均是无常变幻，相逢必有分离，所以不要悲伤烦恼。世界就是这样一种生灭假象，所以你们应当勤奋精进，以求早日获得解脱。应以智慧的光明，来灭除世间的痴暗。世间是危险脆弱，不坚强牢固的。我于今日肉体得以灭度，就好像除去了一大重病。肉体是应该舍弃的罪恶之物，假名为'身'，淹没在生老病死的苦海之中。哪里会有智者，能够除灭这罪恶之身，就好像杀死了冤家强盗，而不生欢乐之心？

"诸位弟子：应当时刻集中心意，专心致志于修习佛法，三界所有事物现象，都是败坏无常的有为法。你们一切行为和言语都请停止，不要再说什么了，现在就要超过我所预定的时间了，我该进入涅槃了。以上是我在此世间所给你们的最后的教诲。"

佛遗教经——解说

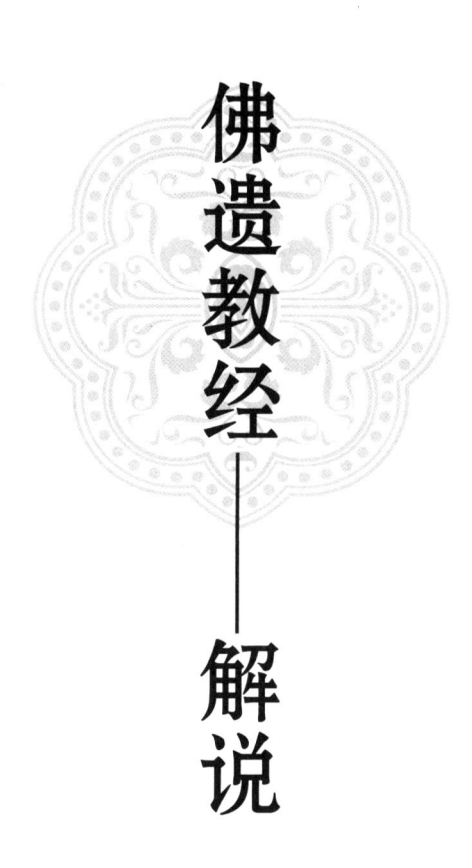

《佛遗教经》，是鸠摩罗什所译为数不多的小乘经典之一。

本经历来较受推崇。唐初，太宗皇帝曾撰"佛遗教经施行敕"，令有司差遣善书者十人，多写此经，并颁赐五品以上官员及各州刺史人手一卷，以规范僧纪。

本经概括了小乘佛学戒、定、慧三学的基本纲要。经首先言戒，指出比丘不得蓄积私产、从事贸易，严守戒律方才能行禅定，生智慧。次言禅定，禅定之要，以制心为主，因为心为五根之首，心若制伏，则五欲难生。而制心则包括如下内容：饮食睡眠，不可贪求；忍辱去恚，不求华衣；端心质直，少欲知足；远离愦闹，不忘念法。如此摄心，精勤修习，才能叫作"定"。由禅定生大智慧，舍种种戏论，至涅槃彼岸。

作为佛陀的最终教诲，值得注意的有如下几点：

戒是成就智慧的基础和前提，也是禅定的出发点；禅定是三学的核心；而慧则是修习佛法的最高目标和归宿。

失去了戒的"禅定"是虚假的禅定，就像在大海中失去了目标的航船，不能指望它引领你到彼岸。"禅定"也不是单纯地一味坐禅，经中讲得很明白，禅定贯穿生活全部过程，从饮食睡眠到待人接物，从处世态度到生活作风，时时都是禅定，而以摄心为要，假若言摄心只在坐禅时，那么人人都有可能在短时间内收摄身心，将其说成成就佛法智慧，岂不荒唐？

现今多有修习禅定者在，只为身体康健、延年益寿，即使其目的达到，在世上多受人生苦空，虚度延年，又有何益！

佛祖灭度之日，即我等得度因缘之时。思之汗颜，未敢轻忽度日。两千余载，佛灯永照，千秋伟业，佛子继之。如此尚不辜负佛祖最终教诲。

佛遗教经——附录

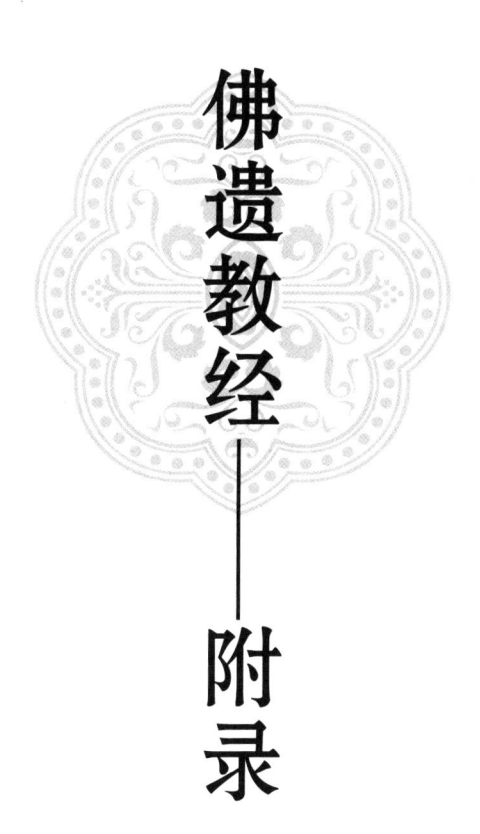

佛光永照（代跋）

我到圣城拉萨的第一个夜晚，由于缺氧气闷，便按着在内地省份的习惯，以为是空气不流畅所致，离开所住的旅馆，信步走在拉萨的大街上。

走到一片空旷的广场上，在广场的西北角有个像胡同的小巷，漆黑一片，便不假思索地钻了进去。路不是很宽，也不算很直，路面的石子在明亮的月光下泛着青光，同路两旁黝黑的房屋形成一种神秘的对比，使我心中顿时升起一种莫名其妙的敬畏感。

因为是到拉萨的头一个夜晚，我并不晓得自己正走在向往已久的八角街，并且正走在人们视为最神圣的绕经道上。

拉萨的夜晚呈现出整个地球上所有城市中最美丽的宁静。

突然,前面拐角处传来一阵极规则、极清脆的"叭叭"声,在这宁静的夜晚显得那么悦耳,那么和谐,使人觉得所谓"天籁"正当如此。

　　我循声音赶过拐角,见前面不远处一个高大的身影站起、前行、跪下、身体平趴向前滑行,再站起……那清脆的声音就是在他趴下滑行接触地面时系在双手上的木板摩擦地面的声音。

　　我明白,这就是藏传佛教仪礼中的"磕长头"以身量地的虔诚形式。

　　我慢慢从他身边走过,不忍来打扰他,但他看到我时,露出一种诧异的神色。我忙转过身,面对着他,双手合十,道声"阿弥陀佛";他也微侧了身,用藏文说了一串话,尽管同汉文相比转了音,但我听出是"六字真言"。

　　在以后的一年时间里,我几乎天天清晨、黄昏都看见围绕拉萨城、布达拉宫、大昭寺磕长头转经的藏胞,但我印象最深的仍是初到拉萨之夜绕八角街转经的那个中年汉子。

　　我觉得,在西藏这块世界上最洁净的土地上,不仅天是最蓝的,云是最白的,水是最清的,甚至马路也是世界上最干净的——因为每天都有成千上万虔诚的佛子们用他们的身体齐齐扫过这座神圣的城市。

我还觉得，拉萨之所以称作"太阳城"，不仅是由于她漫长的日照时间和强烈的阳光辐射，更主要的是由于在几千年的文化心理积淀中，人们心中永远升着一颗不会落下的太阳——那就是佛法的光辉。

　　由于各种原因，这份书稿从今年四月份才开始动笔，到完稿才不到两个月的时间。以前已经定稿的几万字，由于从西安到高原的搬迁竟不知了去向。

　　书稿是在极为困难的条件下完成的：资料奇缺，白天正常上班，晚上加班加点，甚至熬通宵。高原对任何超负荷的体力和脑力劳动都给予无情的惩罚，写作期间身体几乎拖垮。

　　随拉萨基建工程纷纷上马，市内原本就紧张的供电更加供不应求。这部书稿的近四分之一都是在烛光下完成的，或许在九十年代的人们——包括我自己在内——看来，这多少是个奇迹。

　　在我看来，那烛光就是高原的太阳，是永远照耀人类的佛光。

　　有了这永照的佛光，才有了这部书稿。

　　唵嘛呢叭咪吽

藏历木猪年夏吉日
于布达拉宫下

佛遗教经——参考书目

1.《出三藏记集》十五卷　梁·僧祐撰

2.《开元释教录》二十卷　唐·智升撰

3.《高僧传》十四卷　梁·慧皎撰

4.《弘明集》十四卷　梁·僧祐撰

5.《广弘明集》三十卷　唐·道宣撰

6.《集古今佛道论衡》四卷　唐·道宣撰

7.《大正藏》第一、二卷（"阿含部"上、下）

8.《中国佛教史》第一卷　任继愈主编　中国社会科学出版社　一九八一年版

9.《汉魏两晋南北朝佛教史》上册　汤用彤著　中华书局　一九八三年版

10.《鸠摩罗什》游侠法师　载《中国佛教》第二辑　中国佛教协会编　知识出版社　一九八九年版

11.《佛学大辞典》丁福保编　上海书店　一九九一年版

出版后记

星云大师说:"我童年出家的栖霞寺里面,有一座庄严的藏经楼,楼上收藏佛经,楼下是法堂,平常如同圣地一般,戒备森严,不准亲近一步。后来好不容易有机缘进到藏经楼,见到那些经书,大都是木刻本,既没有分段也没有标点,有如天书,当然我是看不懂的。"大师忧心《大藏经》卷帙浩繁,又藏于深山宝刹,平常百姓只能望藏兴叹;藏海无边,文辞古朴,亦让人望文却步。在大师倡导主持下,集合两岸近百位学者,经五年之努力,终于编修了这部多层次、多角度、全面反映佛教文化的白话精华大藏经——《中国佛教经典宝藏》,将佛教深睿的奥义妙法通俗地再现今世,为现代人提供学佛求法的方便途径。

完整地引进《中国佛教经典宝藏》是我们的夙愿,

三年来，我们组织了简体字版的编审委员会，编订了详细精当的《编辑手册》，吸收了近二十年来佛学研究的新成果，对整套丛书重新编审编校。需要说明的是此次出版将丛书名更改为《中国佛学经典宝藏》。

佛曰：一旦起心动念，也就有了因果。三年的不懈努力，终于功德圆满。一百三十二册，精校精勘，美轮美奂。翰墨书香，融入经藏智慧；典雅庄严，裹沁着玄妙法门。我们相信，大师与经藏的智慧一定能普应于世，济助众生。

东方出版社